文庫

世界がわかる宗教社会学入門

橋爪大三郎

筑摩書房

世界がわかる宗教社会学入門

【目次】

世界がわかる宗教社会学入門

キリスト者のなんたるかを
身をもって示してくれた
母・橋爪きぬ子に

An Introduction to Sociology of Religion
by Daisaburo HASHIZUME
Chikumashobo Publishing Co. Ltd.
■ 2001:06 hardcover
■ 2006:05 paperback

ガイダンス　宗教とはなにか

宗教とはなにか？

などと、ふだんあらたまって考える機会はあまりない。

宗教なんて、自分にはあんまり関係ない。うっかりはまると怖いから、近づかない。それなのに、宗教について実はなにも知らない。これが平均的な日本の高校生、大学生ではなかろうか。

お葬式や結婚式のときにお世話になるのが宗教だと、日本人は思っている。だから、それ以外の場所に宗教が現れると警戒する。

こういう日本人のあり方は、世界的にみると、特別である。欧米でも、イスラム諸国でも、インドでも東南アジアでも、世界中ほとんどの国々で、宗教は日常生活にすっかり溶けこんでいる。

このことに気づけば、宗教とはなにか、半分ぐらいわかったようなものだと言ってもいい。

世界各地の宗教がどんなものかは、ほかの各章にゆずるとして、ここではそもそも、人間であることと宗教とはどんな関係があるのかについて、いっしょに考えてみたい。

❦

まず、思考実験をしましょう。

ある惑星に、知性のある生物が住んでいました。

この生物は、知性があるから、脳もある。二本足で歩いて、手も頭も、男女の区別もある。結婚して子どもが生まれたり、年をとって死んだりしている。人間と似ている？　でもよその惑星の、人間とは別の生物です。

さて、この生物は、その知性を使って、なにを考えるだろう。

生きるためには、食料が必要だ。そこで、この惑星の自然環境をかなりよく認識しているはずである。食べられる動物や植物はどこにあるか。水はどこにあるか。そういった沢山の、実用的な知識。

そのほかに必要となるのは、この生物の群れの掟《おきて》や、親子親戚関係、先祖についての知識であろう。やっていいこと、いけないこと。他の群れについての情報や、いろいろな言い伝えについても知っているに違いない。

これだけのことを知っていれば、さしあたり生きてはいける。

けれども、彼（女）が知的な生物なら、これ以外のことも、きっと考えてしまうはずである。たとえば、自分はやがて死ぬだろう。そしてこの世界から、いなくなってしまうだろう。自分はどこから来たのか。そしてどこへ行くのか。自分はなんのために生まれてきたのか。この世界は、いったいどうして存在するようになったのか。などなど。

こうした疑問は、考えなくても生きてゆける。そして昼間、皆といるあいだは忘れていられる。でも誰もが、ふとした折りに、必ず考えてしまう疑問である。知性のある生物なら、きっとそうだろう。

それにはそれだけの、理由がある。

知性は、生きている個々の個体の活動である。ところが個体は、必ず死んでしまう。これは、多細胞生物の宿命である。大腸菌のような単細胞生物なら、分裂を繰り返して、同じ構造のものが永遠に生きつづける。細胞分裂と生殖の区別がない。多細胞生物は、生殖して子孫を残したあと、親の個体はやがて滅んでしまって、同じ構造（個性）のものは二度と現れない。知性も、脳とともに滅んでしまうのだ。

知性は、やがて滅んでしまう自分とはなんだろうと考える。

けれども、この問いには答えられない。死んでしまった知性に、死んだらどうなりましたかと聞くわけにはいかない。死んだ知性は、知性としては存在しなくなっているからだ。死は知性にとって究極の、最後の、未知の世界である。

自分の知ることのできないことを知ろうとすること。これが、知性の知性たるゆえんである。夜空にまたたく無数の星々が従える惑星のなかに、知性をもつ生物があちこちに隠れているとして、かれらはみな、この問いを考えているに違いない。この意味で、人間は決して孤独ではない。

⚜

人間は誰もが、自分は死ぬと知っている。知っていながら、それでも生きている。これは、知性をもつ生物なら、必ずそうあるあり方である。と同時に、知性をもつことの、誇りでもある。

このことは、人間と人間のつながりにも反映する。

人間は誰もが、無力な幼児として生まれる。そのあと成長して、いったん自立しているようにみえる時期を過ごしたあと、最後は年老いてひとの世話になりながら死んでいく。もしも人間が死なないで永遠に生き続けるのなら、他人にかまわず自分のことだけを考える、まったくのエゴイストとなることもできよう。けれども人間は、やがては死ぬ、ひ弱な存在である。互いをいたわり助け合うことなしに、生きていけない。知性があるから、人間はこのことをよく理解できる。社会は、弱肉強食の自然状態ではない。人間が、互いに大事にしあう、秩序ある交流の空間である。

社会は、このように組織されるものなので、その内部は価値（大事なこと）や意味（そのわけ）が満ちている。そうした価値や意味は、人びとが共同で支えている。あなたが生まれる前から、そうした価値や意味はもう存在していた。あなたが死んだあとでも、もっと後の世代の人びとによって受け継がれていく。そうした価値や意味なしには、この世界も知性も成り立たない。そして、知性が滅んだあとでも、その舞台であるこの世界は続いていく。あなたは、有限でひ弱で小さな知性として、この世界のまんなかにぽつんと取り残されているように感じる。

あなたは、あなたがこうしてぽつんと存在することに、いったいどんな価値や意味があるのかと、なおも考えようとする。

＊

社会を満たしている価値や意味は、私やあなたや、個々の知性が自分で考えついたものではない。知性が活動しはじめたときには、もうそこにあった。なぜそこにあったのか。それは、自分ひとりの知性のはたらきでは説明がつかない。それは、ほかにも知性がたくさん存在している（いた）ということなのかもしれないが、その始まりまでは考えきれない。考えきれないことを、さらに考えようとする。それには、工夫が必要である。

たとえば、この世界が、ある偉大な知性の手で設計され、製造されたと考えてみる。それなら、世界が価値にあふれ、意味に満たされているのは当然である。そして、世界は製造されたのだから、始まりがあり、終わりがある。それを製造した知性は、世界の外側にあるのだから、始まりも終わりもない。

この偉大な知性を、神（God）とよぶことにする。すると、一神教である。人間は、神に製造された被造物である。人間は、何のために生まれたのか。人間は死んだらどうなるのか。そういったことを知りたければ、神がなにを考えているかを知ればよい。神がなにを考えているかは、神の声を聞いた人（預言者）の話を聞けばよい。預言者の話は『聖典』（バイブルやコーラン）にまとめられているから、それを読めばよい。

このように、偉大な知性の考えを理解できる人間の知性も、それなりに偉大であると言えないだろうか。こう考えて、人間は知性の誇りを手にする。

またたとえば、この世界が、永劫の昔から究極の法則に従って運動していると考えてみる。すると、この世界には、始まりも終わりもない。世界も人間も、変化していくようにみえるが、実は変化していない。究極の法則は変化しないからである。変化していくものは、現象である。価値も意味も、人間の生命も、変化していく。だから現象にすぎないのだ、と理解すべきである。究極の法則を理解することが、人間の知性の最高のあり方である。そんな知性のあり方は、人間の生死を超越して、究極の法則と一体化している。

この究極の法則を、法（ダルマ）とよんでみる。また、最高の知性を、仏（ブッダ）とよんでみる。すると、仏教である。人間は誰でも、知性をもっている。それを最高のあり方に導きさえすれば、誰でもが仏（ブッダ）になれる。究極の法（ダルマ）がどのようなものであるかは、仏（ブッダ）の言葉をまとめた経典に書いてある。

またたとえば、この世界は、過去を単に再生産しているのだと考えてみる。過去を忠実にたどることが、人間にとって最高のあり方である。知性は、過去がどのようであったかを、よりよく理解しなければならない。この世界を成り立たせている価値も、意味も、過去の世界によって支えられているからである。過去の世界の価値や意味は、過去の理想的な知性によって運用されていた。

この知性を、聖人とよんでみる。すると、儒教である。聖人がどのように、この世界の価値や意味を運用していたかは、四書五経に書いてある。それを読んで、読みぬいて、自分も聖人と同じように行動する。それが、望ましい知性のあり方である。そして、現在の世界の価値や意味を、そのままつぎの世代に伝達することが、人間のつとめである。

⚜

いくつかの例をあげた。これらは、知性をもって生まれた人間が、考えられることの限界に挑戦する、いくつかの試みであり、工夫である。

こうした工夫は、人びとの共感をよび、人びとに共有され、大きな運動となって拡がってゆく。人類の歴史をひもといてみると、知性が限界を超え、考えられないことを考えようと苦闘してきた歴史でもあることに気づく。そのような苦闘なしに、人間は、自分の存在理由を確かめることができなかった。そして、価値にあふれ、意味に満たされているこの世界が、そのようであってよいのだという確信をもつことができなかった。誇りある知性として、自分を肯定することができなかった。

宗教は、このような試みである。そして、文明の原動力である。

文明とは、人間が森や草原と共生するのをやめて、自然に手を加え、農地を耕し、都市を建設することをいう。社会は急速に変化し始め、複雑となり、文字と歴史がうまれる。人びとは自然から切り離され、都市に集まり、人工的な環境のなかで、この世界の過去とゆく末とを考えたのだ。

それ以前の人びとは、自然と共生し、自然に包容されて生きていた。世界と自然とは、区別されなかった。自然の背後に知性（霊）が宿っていると考えれば、それなりに安定した。自然が、知性を超えた、考えられないものだったのである。

日本人は、こうした側面をつい最近まで残していた。

日本の都市は、自然とはっきり区別された境界（城壁）を持たなかった。日本に伝わった仏教は、経典を読まなくてもよいという、浄土真宗（念仏）や法華宗（題目）に変わってしまった。日本に伝わった儒教は、四書五経を読むことより天皇に真心を尽くすことのほうが大切だという尊皇思想に変わってしまった。そして江戸幕府も、明治政府も、宗教は政府に反対する反体制の思想だと警戒した。特定の宗教に熱心だと、出世や商売にさしつかえた。日本人は、宗教を、知性と結びつけて理解することができなかった。

これは、文明国としては、めずらしい現象かもしれない。

日本人にとって、宗教は知的な活動でないから、病気や災難にあって困っているひとの気休めか、人をだます迷信ということになる。だから、外国で、人びとが熱心に宗教を信じていることが、理解できなくなる。そこで、宗教とはなんだろう？という疑問を、もつようになる。

そういう素朴な疑問は、そろそろ卒業にしよう。

そして、それぞれの宗教について、具体的な知識をもとう。それぞれの宗教を信じる人びとに対して、敬意をもとう。そのうえで、宗教を知性と結びつけて、理解しよう。

日本も文明国であり、日本人は知性をもっている。それなら、日本人も、知性を働かせて、この世界の価値と意味をつきつめたいと考えているはずである。

これまでの宗教にあきたらなければ、新しい工夫を考えればよい。それには、これまでのさまざまな宗教、さまざまな工夫のあり方が参考になるはずだ。

（初出：『歴史読本』臨時増刊号「宗教ものしりブック」新人物往来社　二〇〇〇年七月刊）

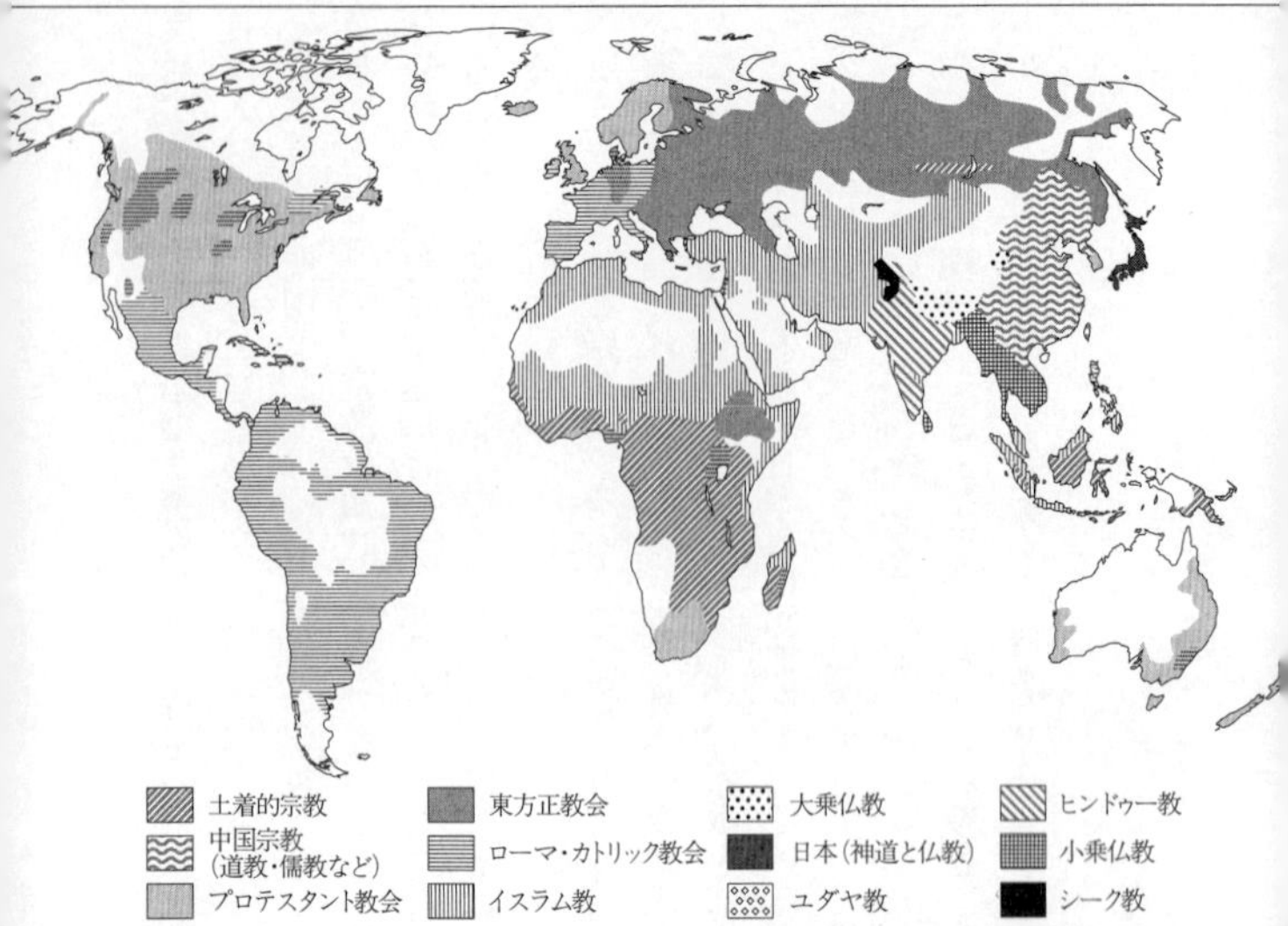

世界の宗教分布：この地図はおおまかな分布を示すもので，実際には，各地域ごとに特定の宗教が決まっているものではなく，さまざまな宗教が混在している．また，それぞれの宗教は，さらに細かな宗派に分かれている場合が多い．『世界宗教事典』（教文館　1991）や統計をもとに編集部で作成した．

講義1　宗教社会学とはなにか

講義を始める前に……
1「宗教」とはなんだろうか、自分なりの考えをまとめてみよう。
2「宗教社会学」とはどういう学問か、なかみを想像してみよう。

宗教は、社会構造である

社会学は、社会現象を科学的に解明する学問です。

社会は、大勢の人間の集まり。そして**社会現象**とは、それら人間の相互行為が複雑に絡まりあったものです。あまり複雑すぎて、どこからどう説明してよいのか、手がつけられない。そこで、説明の便宜のため、社会現象のなかの相対的に安定した（変化しにくい）部分、すなわち、**社会構造**にまず注目するのが普通です。社会構造を説明変数とみなし、それを前提として人びとの行為を説明しよう、と考えるのです。

社会構造の例として、さまざまなものが考えられます。人びとの行動をパターン化する（予測可能にする）ものは、みんな社会構造ですから、法律、制度、役割、文化、規範、組織、慣習などが含まれます。そうして**宗教も、社会構造**である！　社会構造の中でも、もっとも重要な社会構造であると言えるのです。

マックス・ヴェーバーの宗教社会学

マックス・ヴェーバー（Max Weber 一八六四―一九二〇）という偉い社会学者（どれぐらい偉いかというと、カール・マルクスを除けば、後にも先にも彼より偉い社会学者はいない、というぐらい偉いのです）がおりまして、宗教に注目すると、歴史上現れたさまざまな社会を見事に分析できるということを示しました。特に有名なのは「プロテスタンティズムの倫理と資本主義の精神」という論文ですが、彼はここでキリスト教、なかでも**プロテスタントに特有の「禁欲」の考え方が、資本主義経済の成立にとって不可欠**だったという、驚くべき結論を示しました。「禁欲」すなわち欲望を否定したはずが、反対に、利潤追求を目的とする資本主義が生まれてしまったという点が驚くべきなのです（そのロジックは、のちに検討します）。

ヴェーバーは、世界中の宗教を比較し、各国社会の差異を解明する道を開きました。宗教は、その社会の社会構造になっていますから、これを補助線にすると、その社会のことを統一的に解明できるのです。こうした**宗教社会学**は、民族問題が噴出するポスト冷戦時代の国際社会を理解するために欠かせない、基本的情報を与えてくれるのです。

「宗教」という言葉は、明治時代の発明品

さて、宗教というとなんとなくわかった気がしますが、いざ定義しようとするとむずかしいのです。私自身はいろいろ考えた結果、宗教を、「ある自明でないことがらを前提としてふるまうこと」と定義しているのですが、ここではそれと関連して、「宗教」という言葉の意味を探ります。

「宗教」という言葉は、英語の religion の訳語として、明治時代に発明されたものです。西洋文明にとって、religion と言えばまずキリスト教。そして、本家にあたるユダヤ教と、姉妹宗教にあたるイスラム教のことです。ギリシャ・エジプトの宗教や、ヒンドゥー教、仏教、儒教は、その他大勢（偶像崇拝）の扱いです。

江戸時代、religion にあたる言葉は「宗門《しゅうもん》」でした。具体的には、天台宗、真言宗以下、幕府が公認した仏教の宗派を指します。キリスト教は「切支丹《きりしたん》」で、邪宗門の扱い。儒教は「儒学」とよばれ、宗教として意識されていませんでした。「宗門人別帳《しゅうもんにんべつちょう》」が戸籍の代わりになっていたぐらいで、日本人は原則として全員仏教徒だったのです。

神道は、宗教でない?!

そんな日本が開国して明治の世となり、「信教の自由」を外国に約束する羽目になりました。キリスト教の布教は自由、しかし、天皇を中心とする明治政府への忠誠は確保したい。

そこで苦肉の策として、「神道は宗教にあらず」という政府の公式見解が生まれました。このアイデアを考えたのは、井上哲次郎という東大哲学科の教授ですが、神道は宗教ではないのですから、キリスト教徒にも仏教徒にも、天皇崇拝を強要できる。軍人勅諭も教育勅語も、そうして可能になります。こうして、国家全体が宗教化・兵営化する可能性（つまり、大東亜戦争の可能性）がととのったわけです。

「神道は宗教でない」のはなぜか？　それは神道が、日本人の生活や風俗・習慣に溶けこんでいて、特別にそれを信じるまでもないからだといいます。でもそれを言えば、イスラム教だって生活に溶けこんでいる点では同じでしょう。江戸時代まで日本人は、神も仏も一緒くたに信じていたはずですが（**神仏混淆**）、そんなことは棚にあげた詭弁がまかり通った。神道が宗教になった（国家が神道と分離した）のは、日本が戦争に負けて、ＧＨＱがそう命令したからなのです。日本国憲法にも**政教分離**の原則がうたわれました。

日本人はなぜ、宗教を軽蔑する？

日本人は、ひとくちで言えば、宗教を〝軽蔑〟しています。〝苦しいときの神頼み〟という諺があります。宗教を信じるのは「弱い者」「女子ども」「病人」……と相場が決まっていて、立派な大人は宗教と縁がないものということになっています。

日本人はこれが当たり前だと思っているので、あまり意識しません。でも、そうなのです。

そしてそれは、江戸幕府の政策、そして明治政府の政策のせいなのです。

幕府は、布教して信者を増やすなど一切の宗教活動を禁止しました。そのかわり檀家《だんか》制度をつくって、僧侶の収入を保証しました。葬式さえやっていれば、生活に困らない。そういう環境を用意し、僧侶を堕落させようとしたのです。これが効果をあげ、民衆は僧侶を尊敬しなくなりました。信仰の単位は個人でなくて「家」なので、〝うちの宗旨は何だっけ〟という宗教的無関心も生まれました。明治政府は、檀家制度を温存するいっぽう、神道を強要して（それ以外の宗教は危険視して）天皇の絶対化をはかりました。そういう歴史が尾をひいて、日本人の頭に巣くっているのです。

日本人は、宗教について無知だ

日本人は宗教を軽蔑しているくせに、宗教について無知です。滑稽なことです。学校でもどこでも、宗教のことを学ぶチャンスがないからなのですが、何とかすべきです。

こんなことがありました。私の友人のところに、霞が関から深夜電話がかかってきました。「地球環境の国際会議で、条約の案文に stewardship と書いてあるけれど、何のことかよくわからない」というのです。困った役人は、ロンドンから本省に電話し、本省でも誰もわからなかったので、とうとう友人のところに電話がかかってきたのです。

stewardship は「管理責任」と訳しますが、神が世界を創造したあと、その管理を人間に任せたという聖書の記事が背景になっています。要するに、人間が自由に自然を利用・改造していい（だから責任もある）という考えですが、ここから品種改良や捕鯨禁止や生物の多様性保護といった考え方が出てきます。驚くべきなのは、日本の一流官庁や国際交渉の担当者が、欧米社会の行動の根底にある哲学・宗教について、基本的なことを知らないという点です。日本人は、人間も自然の一部と考えるので、stewardship の考え方はなじまない、案文から外してくれ、と交渉することも考えつきませんでした。

エホバの神 vs アッラーの神?!

日本人がどれだけ宗教のことを知らないか、例をあげて説明しましょう。

日本人がそれでも比較的詳しいのが、クリスマスでおなじみのキリスト教。それと、歴史と伝統のある仏教、漢文の時間に習う儒教です。

ではまず、キリスト教。キリスト教の神は、「天にまします我らの父」ですが、ではユダヤ教の神はなにか？　エホバ（ヤーウェでもよい）の神。はい、正解。イスラム教の神は？　アッラーの神。はい、よろしい。それでは、なぜこの三つの宗教は仲が悪いのか？

それは、どれも一神教で、それぞれエホバの神、父なる神、アッラーの神を信じているために、本当の神はどれかをめぐって争いになるから、と考えていませんか。

それは、おお間違い。神が、三人いるわけではありません。エホバとは being（ありてある者）という意味で、名前ではない。アッラーも「神」という普通名詞で、名前でない。一神教では神は一人だけなので、名前は必要ないのです。つぎに、この三つの神は同一人物。**エホバ＝父なる神＝アッラー**なのです。このことは、ユダヤ教徒、キリスト教徒、イスラム教徒にも十分意識されています。知らないのは日本人だけです。

こういう基本的な事実をおさえないで、キリスト教のことがわかっていると言えるでしょうか。キリスト教の理解には、ユダヤ教、イスラム教との比較が欠かせないのです。

人間は死んだら仏になる?!

つぎに、日本人が仏教を理解しているか？　人間が死んだらどうなるか、日本人にきいてみます。すると、幽霊（魂）になって、しばらくその辺にいる、と答える。それからどうなる?と聞くと、三途の川を渡って、極楽に行き、仏さまになる。これが平均的な回答です。「お陀仏」というくらいで、人間は死んだら仏になると思っているのです。

インド人にこういうことを言うと、笑われます。仏教は輪廻の思想を前提にしていますから、死んだらもう一度、生まれ変わる。浄土宗が「極楽往生」の思想を広め、それが日本古来の霊魂観とごっちゃになって、「死んだら仏になる」という通念が生まれました。これはもともとの仏教と何の関係もありません。

こうした誤解はキリスト教にもあって、「人間は死んだら天国に行く」という俗説がまかり通っています（『マッチ売りの少女』の影響でしょうか？）。

神の国は、生きた人間の行くところで、神だってやっぱり生きています。死んでしまった人間はわざわざ復活して、最後の審判を受け、神の許し（救い）を受けた者だけが神の国に入る。これが正統なキリスト教の死生観です。

日本の神は死者の神

そもそもこういう誤解が生じるのは、日本古来の伝統にあります。イザナギは、妻のイザナミが死んで黄泉《よみ》の国に行ったので、追いかけて行きました。神も死ぬのです。日本には八《や》百万《およろず》の神々がいますが、たぶんいまはもう死んでいる。神ばかりか、人間も死ぬと、神社に祀られたりします（菅原道真、徳川家康、明治天皇、靖国の英霊……）。日本の神は、死者であり、死者たちの神です。キリスト教のGodを「神」と訳したのが、そもそもの誤解のもとでした。

日本人は、神々の子孫です。従って神々は、日本人の祖先です。祖先であるからには、死んでいます。日本の神々は、日本の島々や、自然や、農作物や、日本人を「産み」ました。いっぽうそれに対して、一神教の神は、この宇宙と人間を「創り」ました。神の命令で、人間は死ぬのです。神自身は、生きており、永遠に生き続けます。ヤーウェもアッラーも、くりかえしこの点を強調します。

日本は儒教国家だったか

それでは、儒教はどうか？

江戸時代、幕府は儒教を奨励し、武士は儒教を学びました。江戸三百年の思想といったら、儒教しかないくらいです。明治時代の教育勅語にも影響を与えましたし、今でも『論語』の大好きな社長さんが沢山います。ですから、かつて日本は儒教国家だったのではないかと思うひとがいても無理はありません。

日本は儒教国家だったか？　儒教の本場である中国が、そう思ったことは一度もありません。李氏朝鮮は、真面目に儒教国家を建設し、科挙《かきょ》を取り入れ、文人官僚（両班《やんぱん》といいます）が政治をし、家族制度や風俗習慣を儒教の古典に合わせて改めました。朝鮮は儒教化の進んでいない日本を、野蛮な国だと考えていました。中国＝父、朝鮮＝兄、日本＝弟、これが当時の東アジアの秩序です。（そんな日本が明治になって「脱亜入欧」と言い出したら、中国、朝鮮の人びとはどう思うでしょう。）

日本は朝鮮と違って、政治制度や風俗習慣を儒教の原則に合わせて変えることはしませんでした。儒学者のなかには、科挙を実施しよう、儒教の儀礼を行なおうと主張する者もいましたが、科挙の実施は、江戸幕府の権力（幕藩体制）を否定することにほかなりませんから、あまりに非現実的です。日本人は、『論語』のような精神訓話が好きなだけで、儒教の儀式・制度にしたがって、冠婚葬祭も、政治も、なにもやりませんでした。儒教でいちばん大事なのは制度（それも政治制度）なのです。それを拒否したのですから、日本は儒教国家ではありえません。

日本人は、儒教を〝思想〟だと受け取りました。しかし儒教は、社会を実際に運営するための〝マニュアル〟なのです。この点を理解しない日本人は、儒教を誤解しています。

宗教社会学とはなにか

実例はもうこれぐらいでいいでしょう。

日本人は要するに、宗教音痴なのです。宗教を必要とせず、世界の主要な宗教にも無理解なまま、何千年も過ごしてきました。このまま国際社会に出るのは、大変危険です。

日本人が、宗教社会学を学ぶとしたら、それは、〝どこそこの偉い宗教学者がこうこう言った〟というたぐいの知識を詰めこむことではありえません。そうではなくて、日本社会はなぜ宗教を拒否するのか、この社会の構造はなぜ宗教によって与えられないのかを、ほかの民族、ほかの社会と比較するなかから解明することにほかなりません。日本人が自分たちの社会を自己理解する、それが、宗教社会学を学ぶ本当の目的です。（もちろん、外国の受講者の方々にとっても、この学問はきっと有益なはずです。）

ここまでの講義を聞いて、あなたが宗教社会学を学ぶのはなぜか、その目的を自問自答してみましょう。自分がなにを知りたいのか、その目的意識をはっきり持てば、これからの授業が面白く、また有意義なものとなるはずです。

ここまでの講義を聞いて……

1 自分はなぜ宗教社会学を学ぶのか、その目的を、まとめてみよう。

2 太字になっている言葉や文章について、自分の言葉で説明してみよう。

参考図書

橋爪大三郎『仏教の言説戦略』勁草書房　一九八六
橋爪大三郎『冒険としての社会科学』毎日新聞社　一九八九
呉智英・橋爪大三郎・大月隆寛・三島浩司『オウムと近代国家』南風社　一九九六
橋爪大三郎『橋爪大三郎の社会学講義』夏目書房　一九九五
橋爪大三郎『橋爪大三郎の社会学講義2』夏目書房　一九九七
橋爪大三郎『政治の教室』PHP新書　二〇〇一
橋爪大三郎『人間にとって法とは何か』PHP新書　二〇〇三
橋爪大三郎『アメリカの行動原理』PHP新書　二〇〇五

講義2　ユダヤ教とはなにか

契約と律法

旧約聖書の世界で、概念として中心になるのは、何といっても「契約」という考え方です。絶対神との契約によって宗教が成り立っている。故に、宗教というのは法律であると考えられる。契約というのは、守らなければならないものですから、人間に対しては、「法律」という意味を持つわけです。「法律」、これが宗教の根本にある。これはまた、日本人には理解しにくいものであるといえます。

キーワード　契約、律法、救済、預言、終末、パリサイ派

ユダヤ教とはなにか

ユダヤ教とは、どんな宗教でしょうか？

キリスト教がユダヤ教から分かれてきたという程度の知識はあっても、日常あまりユダヤ人に接する機会のない日本人には、よくわかりません。ナチス・ドイツによるユダヤ民族の大虐殺（ホロコースト）。むしかえされるユダヤ人陰謀説。シェークスピアの『ヴェニスの商人』のシャイロックのイメージ（これこそ、キリスト教徒の偏見の典型です）も重なって、よ

くわからないが変な人びと、という印象がひとり歩きしています。そのいっぽうで、マルクス、フロイト、*アインシュタイン、レヴィ＝ストロース、*チョムスキー*ら天才的知識人を続々と生み出した、尊敬すべき民族でもあります。

ユダヤ教を理解すれば、キリスト教＝西欧文明の全体像も明らかになるのです。

古代文明は、都市国家から始まった

ユダヤ教の生まれた当時のオリエント一帯は、ほかにもさまざまな宗教を生みました。そ

フロイト Sigmund Freud（一八五六—一九三九）：オーストリアの神経病学者。精神分析の創始者。自由連想法という独自の精神分析治療法をあみだし、無意識の領域と性的衝動を重視する精神分析学を確立した。一九三八年、ナチスの迫害を逃れ、イギリスに亡命。著書は『夢判断』のほかに『精神分析入門』など。

レヴィ＝ストロース Claude Lévi-Strauss（一九〇八—　）：フランスの人類学者。ソシュールやヤコブソンらの言語理論に示唆を受け、その概念・分析法を親族・神話などの解明に応用し、構造人類学を確立した。とくに、無文字社会の思考にも、体系性・科学性があることを論証、西欧中心の近代的思考体系への反省を促して、人類学のみならず広く人文社会科学全体に影響を与える。著書に『親族の基本構造』『神話論理（四巻）』など。

チョムスキー Noam Chomsky（一九二八—　）：アメリカの言語学者。従来の構造言語学を批判し、「生成文法理論」を提唱、言語学に革命的な転回をもたらした。生成文法は、情報科学・コンピュータサイエンスの基礎理論となるいっぽう、哲学や認知科学にも大きな影響を及ぼした。主な著書に『文法の構造』『文法理論の諸相』など。

してその背景となったのは、古代の**都市国家**文明でした。

「都市国家」と言っても、ピンとこないかもしれません。日本には、都市国家なんてないからです。四大河川（チグリス・ユーフラテス、ナイル、インダス、黄河）流域の古代文明は、みな都市国家を形成しました。ヨーロッパやアメリカ大陸にも、都市国家がありました。日本だけに、それがない。このことが異常なのです。

さて、大きな河川の流域は、農耕に適しています。まっ平らですから、溝を掘れば灌漑《かんがい》も簡単です。そこで栽培植物（小麦）が伝わると、たちまち集落が形成されました。土地が肥沃で生産性が高いので、農民たちには、職人や神官、軍人を養う余裕が生まれ、社会階層の分化が進みます。同時に、土地の争奪をめぐる民族紛争が常態化し、集落は周囲を城壁で囲って要塞化しました。これが、都市国家です。

都市国家には、①城壁をもつ（要塞）、②統治機構と軍隊をもつ、③神殿をもつ、④文字・暦法・算術・法律などをもつ、といった特徴があります。この段階以降の人類文化を「文明」とよびます。

都市国家の戦争は、皆殺しが原則

農耕の適地は限られていましたから、土地の争奪戦は過酷を極めました。外敵が現れると、住民は城壁の内側に籠もります。外敵は城壁を取り囲み、二年でも三年でも兵糧攻めをします。ついに城壁を崩したら、中の住民は女も子どもも皆殺しか、さもなければ奴隷となるのが決まりでした。都市も完全に破壊し（平らにし）て、その上に新たに自分たちの都市国家を建設します。中立はありえないので、全員が総力で戦いました。（日本にこのような総力戦があったでしょうか？）

安全のため、都市国家は攻守同盟を結びます。その際、互いの神を祀る**祭祀同盟**のかたちをとるので、神殿は多神教的となります。また、強大な都市国家を中心とする帝国も現れ、多くの都市国家を従えて広い版図を誇りました。帝国への貢ぎ物（税）と軍事的義務を果たす代わりに、自治と宗教の自由を認めてもらうのが当時のやり方です。

古代ユダヤ民族がユダヤ教を生み出した背景に、こうした当時の厳しい国際情勢があったことを忘れてはなりません。

族長時代のユダヤ民族

ユダヤ民族の歴史は、『聖書』やさまざまな考古学的資料から知ることができます。

ユダヤ民族は、セム族の一グループで、アブラハムを伝説的な祖先とし、紀元前二〇〇〇年頃歴史の舞台に登場します。最初は羊の群れを追う遊牧民、のち定着農耕民となります。

遊牧時代のユダヤ民族は、**族長**の統治する部族制をとり、祭祀も族長が行ないました。

「創世記」によれば、**アブラハム**は神の声を聞き、ユーフラテス下流の都市国家ウルを出て、ハランを経由したあと、**カナン**（いまのイスラエル）の地にたどり着きます。神はこの地を、アブラハムの子孫に与えると約束します。アブラハムの妻サラは、石女《うまずめ》でしたが、神の使いの預言によって男子（**イサク**）が生まれます。だが、イサクが成長したある日、アブラハムはイサクをモリヤの丘で犠牲に捧げるようにとの神の声を聞きます（**イサクの犠牲**）。悩んだ末、祭壇を築いていざ命を奪おうとしたとき、神の使いが現れてアブラハムの信仰を祝福します。イサクはハラン出身のリベカと結婚し、エサウとヤコブの双子を得ます。母リベカに愛された**ヤコブ**（別名イスラエル）は、兄エサウと偽って父イサクの祝福を受け、長子権を奪います。ヤコブは四人の妻と一二人の息子を得ますが、最愛の妻ラケルの子**ヨセフ**を大事にしました。残る息子たちは妬んで、ヨセフを殺そうとしますが、殺しきれずに井戸に突き落とす。そこにエジプト行きの隊商が通りかかったので彼らに売り渡します。そして、ヨセフの着物をぼろぼろに裂いて、父には死んだと嘘をつきます。ヨセフはエジプトで大臣となり、飢饉のためエジプトにやってきた父・兄弟と再会。以後、ユダヤ人たちはエジプトに住むことになるのです。

⚜ヨセフは、なぜエジプトで登用されたのでしょうか？　旧約聖書によれば、ヨセフは夢を解読することができた。つまり夢判断ができたのです。エジプト王ファラオが変な夢を見た。それを解読するよう、国中にお触れを出しますが、誰も解くことができない。ところが牢獄にいたヨセフには、その夢の意味がわかった。そこで牢獄から引っ張り出されます。

そこで彼は、「七年間の豊作と七年間の不作」を予言します。豊作の間に穀物を貯蔵し、不作に備えなければならない。その通りになって、エジプトの危機を救うことになるのです。

夢判断ができて、気候、天文、暦法、農業に詳しいので、大臣に抜擢《ばってき》されたわけです。以上が聖書の説明ですが、社会学的に言うと、エジプトは多民族国家だったわけです。多民族国家であれば、各民族から優秀な人材を抜擢するということが、民族対策にもなる。なお後世、フロイトが『夢判断』を書いて精神分析を創始したのは、もともと聖書の中に、こうした夢判断の話が出てきていたからなのではないかと思います。

ところで、ユダヤ民族がもともとどこにいたのか、はっきりしません。はっきりしているのは、半遊牧生活をしていた彼らが、定着農民のところへ侵入して行って、徐々に定着したということだけです。

実は、エジプトにいたという証拠も、あまりない。あとで大事になるのは、ユダヤ教が死後の霊を認めないことです。これは、エジプトの死者信仰の裏返しと考えるとすっきりします。エジプトに被抑圧民族として入ったユダヤ人は、自分たちの民族的アイデンティティを主張するために、エジプトの宗教を否定しました。霊魂も絶対に認めません。これは、古代宗教としてはとても珍しいことです。そして、大変に合理的な現世中心主義の宗教ができ上がりました。

モーセと十戒

「出エジプト記」によれば、エジプトで奴隷の境遇に甘んじていたユダヤ民族を救うために、**モーセ**が誕生します（紀元前一三世紀の初め頃）。モーセはファラオの王女に育てられますが、ユダヤ人の奴隷を鞭打っていた役人を打ち殺してしまったため追放されます。そしてシナイ半島に逃れ、ミデアン人の娘と結婚し二人の子供をもうけます。ある日ホレブ山に登り、神の**啓示**を受けたモーセは、エジプトへ戻り、数々の**奇蹟**を起こしてユダヤ人を脱出させることに成功します。ファラオはこれを追いますが、モーセは海を分けて民を通らせ、追手の戦車は海に呑まれました。

❖奴隷は主人の財産ですから、奴隷が主人に断りなく逃亡すれば、一種の泥棒。連れ戻そうとしたときに手向かえば反逆罪になります。奴隷がまとまって逃げたら、これは国家秩序の壊乱になりますから、正規の軍隊が追いかけてきても不思議はない。それが「出エジプト」の意味だと考えられます。

「モーセが海を分けて民を通らせた」という「奇蹟」は、本当なのか？　欧米の学者たちは、そういう出来事が科学的に説明できないかと、苦肉の策をめぐらせました。「天橋《あまのはし》立《だて》」のような砂州《さす》があったなど、さまざまな説を立てています。なお聖書で紅海というの

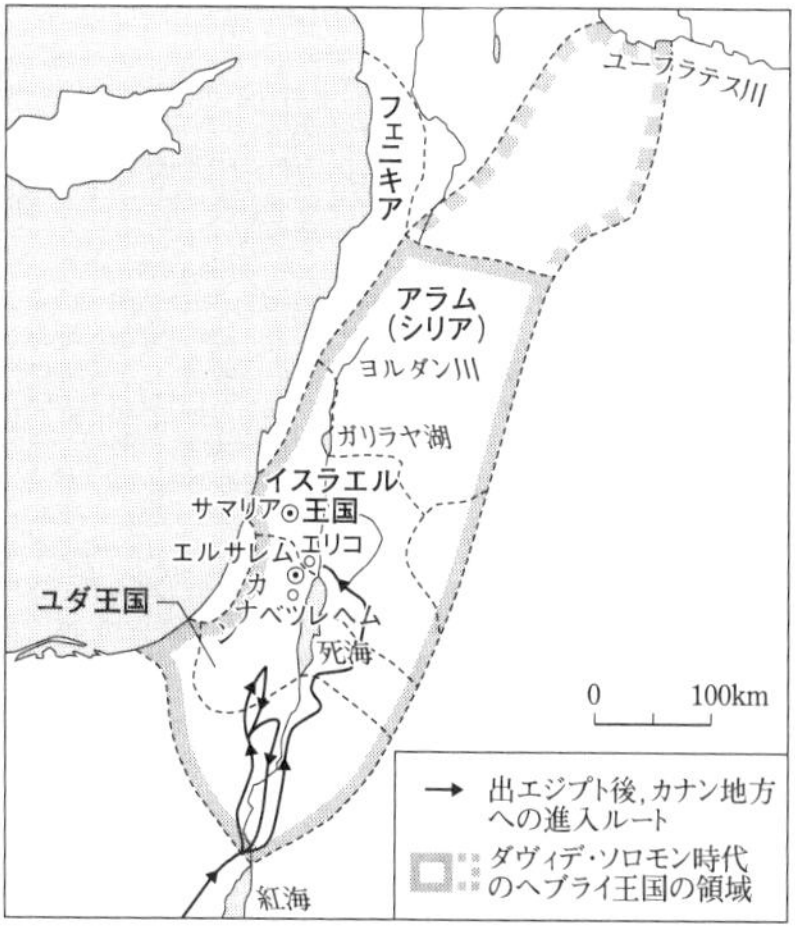
フェニキア
ユーフラテス川
アラム
（シリア）
ヨルダン川
ガリラヤ湖
イスラエル
王国
サマリア
エルサレム
エリコ
カナン
ベツレヘム
ユダ王国
死海
紅海
0
100km
出エジプト後，カナン地方への進入ルート
ダヴィデ・ソロモン時代のヘブライ王国の領域

カナン周辺地図

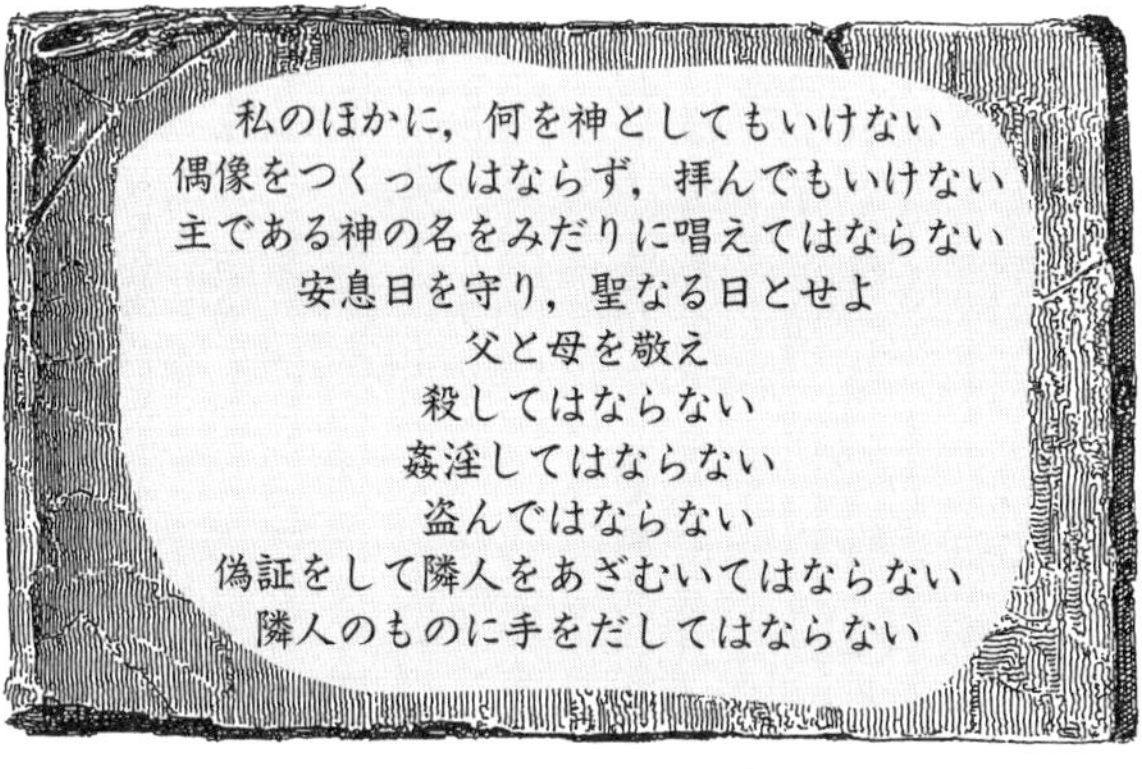
私のほかに，何を神としてもいけない
偶像をつくってはならず，拝んでもいけない
主である神の名をみだりに唱えてはならない
安息日を守り，聖なる日とせよ
父と母を敬え
殺してはならない
姦淫してはならない
盗んではならない
偽証をして隣人をあざむいてはならない
隣人のものに手をだしてはならない

モーセの十戒

は、今そう呼ばれている場所ではなく、地中海側だったという説が有力です。

ユダヤ民族はそのあと、荒野を四〇年も彷徨《さまよ》うことになります。モーセはシナイ山で、神から石板に刻んだ十戒《じっかい》を授かり、**契約の箱**に納めてこれを敬います。老いたモーセは、カナンの地を目の前にして息を引き取り、代わってユダヤ人を率いるのは**ヨシュア**でした。

❦「契約の箱」は、もとは目に見えない神様が座る椅子だったのが「契約を入れる箱」になったといいます。ヤーウェはもとは、シナイ半島の砂漠で信じられていた戦争の神、復讐の神だったらしい。それを、ユダヤ各部族の団結の象徴として祀ることになったようなのです。

古代の戦争は、神と神との戦いです。金の雄牛を拝む人びとは、それを戦場に担いで行く。敵も、自分たちの神様をはりぼてに作って持って行く。あとは大きな音を出したりして相手をびっくりさせ、勝てば神様のおかげと感謝したのです。

ユダヤ人は、偶像は持って行けないので、ヤーウェが座る椅子、箱を担いで行ったのです。そのうちに、その箱が契約を納める「契約の棺」、アークとなったわけです。

カナン地方への定着

ヨシュアの率いるイスラエルの民は、まず都市国家エリコを攻略します。契約の箱を担いで城壁の周りを七回まわると、城壁は崩れ落ちました。

✤城壁は簡単に突破されないようになっています。戦争が始まると、その都市国家の人たちは、全員城壁の内側に隠れる。食料、水、家畜などを用意して籠城《ろうじょう》するわけです。攻める方はしばらく待ちます。普通、城壁の周りに土塁みたいなものを築いて中から出られないようにして、半年、一年、三年と。するとだんだん、籠城側は食糧を食べ尽くして、どうしようもなくなってくる。そうすると、論争になります。「ここは奴隷となってもいいから生き延びよう」「いや、何を言うか。名誉のため、最後のひとりまで戦おう」など。そこを、わっと攻める。城壁に穴をあけたりして突入し、だいたいみんな殺してしまう。さらに、城壁を崩して平らにして、その上に新しく都市を作る。ですから、遺跡を発掘してみると、都市国家が何層にもなっているのです。

周囲は砂漠ですから、とても人は住めません。砂漠の中でも人の住めるところ、川の周りとかオアシスなど、ちょっと平らなところに都市国家を作って、その周りの耕地を生活源にする。カナンはまさにそういった土地でした。耕地には定着農耕する人たちがいる。そして、その周辺のわずかな草地に、農耕民との契約によって放牧を許された半農半牧の人たちがいる。こうした人たちは、あちこちへ移動するわけです。彼らは農耕民と友好関係をもったり、またときどき争いを起こしたりする。そのさらに外側には、荒くれ者のヴェドウィンたちがいる。

このように、カナンの地はそこに住む人びとの生活形式の違いによって潜在的に矛盾を抱えていました。アブラハムやイサクたちは、定着していない周縁部の農牧民なので、カナンに来て定着するには、先住民との抗争に勝たねばならなかったのです。

エリコの次にアイの町も攻略したあと、シケムの地に祭壇を築いて、一二部族の代表が主なる神への服従を誓い、宗教同盟を成立させます（**シケムの誓い**）。ヨシュアはカナンの地をつぎつぎ平定したあと、一二部族ごとにそれぞれ土地を分け与えました。定着農耕の時代の始まりです。

定着後も遊牧時代の族長制は維持されましたが、指導者となったのは**士**《し》**師**《し》（judge）と呼ばれるカリスマ的な軍事指導者でした。ユダヤ人たちのあいだに、カナンの先住農民の**バアル神信仰**が浸透してきますが、士師たちはこれに反対し、外敵と戦います。タボル山でシセラの軍を破った女士師**デボラ**、三〇〇人の手勢でミデアンの大軍を破った**ギデオン**、ペリシテ人と戦い、美女デリラに騙された怪力**サムソン**らの士師たちが有名です。

⚜士師は英語ではjudgeです。実際にはカリスマ的ひらめきによって戦争を指揮するリーダーです。士師が呼びかけると、何千人もがとりどりの武器を持って集まるわけです。混成の農民軍ですから、正規軍には敵わないが、ゲリラ戦は得意だったでしょう。

先住民族は、それぞれに信仰をもっていました。バアル神は大地母神、農耕地の生産力の象徴で、すごく太った女性です。それを崇拝する。儀式も生殖をかたどるので、ユダヤ民族から見るとハレンチで非道徳的なのです。しかし政略結婚などによって、ユダヤ人の間にもバアル信仰がかなり広まります。

ほかに、ギリシャのディオニソス信仰みたいなものも入ったりし、血を飲む儀式を行なう宗教もあった。ユダヤ教の律法の中に、「血を飲んではいけない」という規則があるのは、それを意識したものと言われています。

王国の栄華

優勢なペリシテ人を前に、ユダヤ民族は強力な王を待望するようになります。このとき預言者**サムエル**が出て、ベンヤミン族の若者サウルに油を注ぎ、イスラエル初代の王としました。サウルは息子のヨナタンと共に、各地を転戦しますが、次第に人望を失っていきます。

❖「油を注ぐ」は、英語ではanointmentといい、「王位につける」という意味がありま す。サムエルが王を選ぶときにも、油を注ぐ儀式を行なったという記述があります。

それまでは、ユダヤの民に王はいなかった。

神を信じる民族は、王政であってもいいし王政でなくてもいい。ここがとても面白いところです。王政になる手続きは決まっていないわけですから、当時、ほかの中近東地域でも行なわれていた「油を注ぐ」という儀式を手続きとして取り入れたのではないかと考えられます。

サウルは結局戦争に負け、彼に代わって王位についたのは、サムエルに油を注がれた金髪の巻毛の羊飼いの少年、**ダビデ**でした。ベツレヘム出身のダビデはサウルの王宮に仕えていましたが、軍功をサウルに妬まれ、手勢を率いて荒野に逃れます。ダビデは実は、傭兵《ようへい》隊長でした。フェニキア人の傭兵隊としてフェニキアの戦術を学び、フェニキアの武器（鉄器）と戦闘技術を身につけていたらしい。そしてサウル父子が戦死すると、族長たちに推されて王位に就きます。この頃からユダヤ民族の戦闘力は格段に高くなります。

ダビデはエルサレムを攻略して都と定め、詩篇に収められることになる多くの詩をよみました。その子**ソロモン**王は、エジプトと同盟し、エルサレムの神殿を築き、ユダヤ民族の黄金時代を築きます。

⚜イスラエルの辺りは、ちょうどエジプトとメソポタミアの両勢力が拮抗する中間点です。たまたまこの時代、どちらにも強力な大帝国が存在しなかったので、民族を統一したユダヤ人の王国が通商の利益を独占して繁栄したのでしょう。

以上は紀元前一一世紀半ばから一〇〇年あまりの出来事です。

王国の分裂と、バビロン捕囚

ソロモンの死後、王国は北のイスラエル王国、南のユダ王国に分裂します。

分裂したあとの北王国には、再びバアル神崇拝などが復活します。すると預言者**エリヤ**が出て、アハブ王の妃イゼベル（フェニキア出身）に従うバアルの祭司四五〇人を殺害します。

まもなく**アッシリア帝国**が興って、首都サマリアは大軍に包囲されます。アッシリアは、非常に苛酷な宗教政策を取り、信仰の自由を認めませんでした。復讐が厳格で、どんどん首をはね、北王国を虜囚《りょしゅう》した後も、ユダヤ人の民族的アイデンティティを保障するような措置は一切とらなかった。北王国はやがて雲散し、滅びます（前七一〇年頃）。

そこに住んでいたユダヤ民族は連れられて行方不明となり、歴史の舞台から姿を消しました。無人の地となったサマリア一帯に、アッシリアは他の民族を入植させ、彼らの一部はユダヤ教に改宗して**サマリア人**と呼ばれるようになります。

南のユダ王国にも危険が迫ります。紀元前六二二年に**ヨシヤ王**が、エルサレムの神殿を改修したところ、律法の書が「発見」され、ユダヤ教復興の運動が始まります。

しかし新バビロニアが興って、同五八六年には南王国も滅ぼされ、人びとはバビロニアに連行されます（**バビロン捕囚**）。異郷での生活は五〇年続きますが、ペルシャ王**クロス**が新バビロニアを滅ぼしたため、ユダヤ民族は解放され故国に帰ることを許され、神殿を再建します。

❦北王国は滅び、残った南王国も危うい。そこで、国粋主義的なユダヤの伝統を守らなければならないという運動が起こります。これがヨシヤ王の改革です。神殿を掘り返していたら、古いモーセの契約が見つかった、みんなこの通りにやりましょう、と呼びかけた。そんな大事なものが埋もれていたというのが怪しい。実際にはヨシヤ王が命じて作らせたのだろうと思います。

神殿の再建とヘレニズムの時代

捕囚された南王国の人びとは、北王国の二の舞いを恐れて結束を固め、**食物規制**や**安息日**など、バビロニアの習慣と異なる民族伝統を強化しました。

❦ヨシヤ王の改革のおかげで、バビロンに虜囚されても、彼らは民族性を失わなかった。また、アッシリアに比べると新バビロニアはまだ寛容で、ユダヤ民族の文化に理解を示しました。安息日や食物規制は、ユダヤ人にとって大切です。ちなみに安息日は、点呼のようなもので、安息日には集まってお祈りなどをするわけですから、欠席するとすぐにわかってしまいます。

バビロニアから解放され帰国ののち、預言者ハガイとゼカリヤの激励のもと、第二神殿が再建されます。エズラ、ネヘミヤらの指導でユダヤ民族は、祭司を頂点とするエルサレム神政共同体に組織されました。祭司たちの会合である長老会議が自治を行ないました。

　アレキサンドロス大王の征服以後、ギリシャ文化の影響が強まり、ユダヤ教が禁止されたり、ギリシャの偶像が立てられたりしました。紀元前二世紀の初めにはエジプトの勢力下に入り、前六三年にはローマの属州となるなど、混乱の時代が続きます。ハスモン王家がこの間、民族主義的な抵抗を続けましたが、とうとうそれに代わって、イドゥメア人の**ヘロデ大王**がローマの支持を受けて王位に就きます。（イエス在世当時のヘロデ・アンティパス王は、その息子です。）

　しかし、四四年に王制が廃止になってローマが直接統治するようになると、歴代ローマ総督は皇帝崇拝を強要するなど失政を重ね、反乱が続発しました。ローマは大軍を派遣し、七〇年にエルサレムが滅亡、神殿も壊されます。三年後にはマサダ要塞で抵抗した部隊も全滅し、ユダヤ民族は**ディアスポラ**（離散）を命令されてイスラエルに入れなくなり、以後二〇〇〇年、故国なき民として世界に離散します。

預言者たちの活動

　こうした苦難の時代、多くの**預言者**が現れて民を導きました。

　古代の宮廷にはたいてい、超能力をもった予言者が王に仕えていました。ユダヤ教の預言者はそれと違って、①民間人であり（権力と距離をおき）、②必ずしも教育ある人物でなく、

③神のことばを聞いて警告を発する、という特徴があります。サムエルは弟子をひき連れ預言者の集団を形成していましたが、単独のアマチュア預言者も現れ始めます。たとえば**アモス**は、南ユダの牧人で、サマリアに現れ北王国の滅亡を預言したが、発言を禁じられたため、預言を書物（アモス書）に残しました。ヤーウェを信仰しないなら南王国も滅びると預言した、エルサレム貴族階級の**第一イザヤ**、同じくエルサレム滅亡を預言した**ミカ**、バビロニアから七〇年で帰国できると預言した**エレミヤ**、神殿再建によるユダヤ民族再生を預言した**エゼキエル**、らがつぎつぎと現れます。特に、ヤーウェが唯一の神であると世界に知らせるため、他人の罪を負って苦しむ〝ヤーウェの僕《しもべ》〟が現れるとする**第二イザヤ**の預言は、イエス＝キリストを先取りするものとして重要です。（イザヤ書一－三九章は第一イザヤ、四〇－五五章は第二イザヤ、五六－六六章は第三イザヤの預言です。）

❦予言者というと、特別な能力のある知識人だと考えられます。普通そのような人たちは、権力者に仕えるケースが多い。王様のブレーンになって諮問に応じるのが役目です。王様の味方なので、民衆の敵です。でも、預言者は違います。預言者は神の声を聞く人ですから、神が絶対です。神と権力者が矛盾した場合には、神に従います。

　民衆の間から出てきて権力者に反対する知識人などは、たいていすぐ殺されてしまうので、社会的影響力を持たないことが多い。ところがユダヤ教の場合には、神こそ本当の支配者であるという考え方があるので、神の声を聞くことのできる預言者を、簡単に殺すわけにはいかない。むしろ預言者が、王様を批判する。このダイナミズムが、一神教の特徴です。権力と知識が分離しています。これは、近代合理主義にも通じますが、それが可能になるのが、一神教の預言者のシステムなのです。

イエス＝キリストも、この預言者の一種です。この伝統の中から、キリスト教徒とイスラム教徒、つまり世界の半分の人びとが育っているとするならば、預言者の役割の大切さがわかります。

契約としての宗教

日本人にとって、ユダヤ教（キリスト教、イスラム教）で理解しにくいのは、**神との契約**の考え方です。

もともと遊牧生活を送る部族社会では、契約が重要です。家畜を預ける、商売する、結婚する、すべてが契約。定住していないので、契約で相手との信頼関係を確実にしておかないと安心できません。

一般に契約は対等の関係ですが、神との関係は上下の契約です。古代帝国が属国と交わした宗主権契約がモデルらしく、ヒッタイト王国で発掘された文書が、旧約の契約とそっくりです。上下の契約とは、日米安保条約みたいなものと思えばよいでしょう。上下でも契約であるからには、双務的です。ユダヤ民族は偶像を拒み、ヤーウェ以外の神を信仰しません。

神はその代わりに、ユダヤ民族の安全と繁栄を保障します。契約は、ノアの契約、アブラハムの契約、モーセの契約、ダビデの契約……と繰り返し結ばれ、その内容が律法（英語ではlaw、すなわち法律）です。聖書は、この契約をしるす書物なのです。

人間はしばしば神に背きます。そのままだと神の怒りをかい、滅ぼされてしまいます。そこで預言者が現れ、人びとに契約を守るよう警告する仕組みになっているのです。

『旧約聖書』の成立ち

キリスト教徒は旧約、新約の二つの聖書を持っていますが、旧約聖書はユダヤ教の聖書です。ユダヤ教では最初の五つを重視して、**トーラー**（モーセ五書）と言います。

創世記、**出エジプト記**、**レビ記**、**民数記**、**申命記**……トーラー

ヨシュア記、士師記、ルツ記、サムエル記上・下、列王紀上・下……前期預言者

イザヤ書、エレミヤ書、エゼキエル書……後期預言者

ホセア書、ヨエル書、アモス書、オバデヤ書、ヨナ書、ミカ書、ナホム書、ハバクク書、ゼパニヤ書、ハガイ書、ゼカリヤ書、マラキ書……十二小預言者

詩篇、箴言《しんげん》、ヨブ記、雅歌、ルツ記、哀歌、伝道の書、エステル記、ダニエル書、エズラ記、ネヘミヤ記、歴代志上・下……クトゥービーム

以上はユダヤ教の『聖書』（タナハ）の構成ですが、キリスト教の『旧約聖書』は配列が

多少異なります。

古代ユダヤ教の成立

『聖書』は、ユダヤ民族の歴史を記述したもの。しかし、それがどこまで歴史的事実かとなると、アブラハムやモーセの実在は疑うべきでしょう。創世記の成立は新しく、バビロン捕囚の後と考えられます。遊牧民であったユダヤ民族が、カナンの地に侵入して定着したこと、士師の時代を経て王制に移行したことは確実な史実でしょう。

ヘブライ語は母音を書かないので、YHWHはエホバとも、ヤーウェとも読めます。「ありてある者」の意味。ふだんはその呼び名を避けて、「主」と言います。ヤーウェは嫉妬ぶかい怒りの神ですが、もとはシナイ半島辺りの戦争神で、それを、カナンに侵入するユダヤの各部族が共同で祀ったものだからだと考えられます。

ユダヤ教が形を整えたのは、ヨシヤ王の改革以後のこと。聖書の編纂も進み、祭儀よりも律法を重視する方向が打ち出されます。

イエスの時代には、三つの派が対立していました。**サドカイ派**は、エルサレムの神殿で祭儀をもっぱら行なう世襲的な祭司階級で、現状維持の保守的なグループです。**パリサイ派**は、祭司と同じ厳格さを互いに要求する平信徒の集団で、律法を重視し、教育のための会堂（**シナゴーグ**）を各地に建てました。**エッセネ派**は、「義の教師」に導かれ〝新しい契約〟を結

「嘆きの壁」(イスラエル)に向かって礼拝するユダヤ教徒.(写真：PPS)

んだ人びとで、財産を共有し終末を信じ、洞窟で祈りの生活を送りました。イエスはユダヤ教徒で、エッセネ派に近かったと考えられます。

そのほか、暴力に訴えても律法を死守すべきだとする過激派の熱心党（ゼロータイ）がおり、ローマ軍を相手に武装闘争を繰り広げました。

❦ユダヤ人は、セム系の民族です。伝説的に言えばアブラハムの子孫で、今ユダヤ人と言われている人たちも、その子孫ということになります。

もう少し具体的に言えば、ユダヤ教を信じている人、ユダヤの戒律を守っている人、およびその子孫ですが、母親がユダヤ人でなければならない。父系なのに、なぜ母親がユダヤ人でなければいけないか。おそらく母親がユダヤ教育に主に関与するので、いくら父親の血統がユダヤ人でも、外国人の母親に育てられるとパーフェクトなユダヤ人にならないという考え方によるのでしょう。

ユダヤ民族のアイデンティティは、最初は神に対する儀式でした。その儀式は、族長が至る所で行なっていた。次にその儀式を行なう権利を一箇所に集中させました。エルサレム神殿です。エルサレム神殿を建てた際、他の聖所を破壊した。そうすると、エルサレム神殿以外では儀式を行なうことができないわけです。

儀式が行なえないのなら、神に対する敬意をどうやって表したらいいか。日常生活の中でしか表すことができないので、食事、服装、行動などを、ユダヤ教の規範にのっとってきちんと正す。ここが重要な点です。そうすると、たとえ儀式が無くとも、神殿から遠く離れても、信仰を続けることができるわけです。つまり場所、時間に無関係。ということは、世界中に散らばっても大丈夫だということです。そして、トーラー、旧約聖書を読むこと。これも場所時間に無関係にできます。トーラーさえあれば、世界中に散らばっても大丈夫。これが、世界最強の宗教団体を形成できた理由です。

参考文献

犬養道子『旧約聖書物語（増訂版）』新潮社　一九七七
共同訳聖書実行委員会訳『新約聖書 共同訳・全注』講談社学術文庫318　一九八一
山形孝夫監修『*COLOR BIBLE* 聖書（全八巻）』小学館　一九八六

石田友雄『ユダヤ教史』（世界宗教史叢書4）山川出版社　一九八〇
マックス・ヴェーバー『古代ユダヤ教』みすず書房　一九六二→岩波文庫　一九九六

column

食べてはいけない

日本には仏教や神道やキリスト教や、新興宗教もいろいろありますが、食物規制（食べてはいけないもののリスト）を守っている宗教はあまり聞きません。そこで、食物規制と言われてもなかなかピンときません。けれども、ユダヤ教では「申命記」に、食べてはいけないものがずらりと書いてあります。イスラム教にも、厳格な食物規制があります。一神教はもともと、食物規制があるのが当たり前で、たまたまキリスト教だけ、イエスが律法を廃止したので、食物規制がなくなってしまったのです。

ユダヤ教徒はいまでも食物規制を守っている人が多いので、得体のしれない食べ物を食べるわけにはいかず、「コシャー」（ユダヤ教の正しい食品）のシールが貼ってあるものをスーパーで求めます。飛行機では、ムスリムの乗客もいますから、ポークの機内食は絶対に出ません。チケットを予約したときに頼めば、特定の宗教のための機内食も用意してくれます。コーヒーをサーヴィスするときいちいち、ミルクはいるかと聞かれるのでうるさいと思っていましたが、よく考えてみると、ユダヤ教にはミルクと肉を一緒に食べてはいけないという規制があるので、ユダヤ教徒の場合、食後すぐ、うっかりミルクを飲めないからではないかと思いあたりました。

食物規制は、ただの不合理な習慣に思えますが、立派に社会学的な意味があります。

食物規制を厳格に守ると、異教徒の人びとを食事に招待できません。その結果、友人になれないし、まして結婚ができなくなります。そのため、信仰を同じくする人びとの結束が強まり、信仰の共同体がつぎの世代にも再生産される。これが食物規制のねらいです。

アルコールはどうかというと、イスラム教は無条件に禁止。理性を失って、神のことを忘れるといけないからだそうです。キリスト教は、最後の晩餐でイエスがぶどう酒を飲んで以来、それが儀式になっているぐらいで、飲んでもいい。水がよくない地方では、中毒が多く、ぶどう酒のほうが安全です。けれども、酔っぱらってはだめなので、飲まないほうがよい。アメリカでは一九二〇年代に、信仰を強化するため、禁酒法を定めました。いまでもお酒を売ってはいけないタウンがあちこちにある。キリスト教の場合、アルコールに対する態度がどっちつかずです。

儒教はどうか。中国料理はなんでも食べるようですが、イヌは好まない。聞いてみると、イヌは往来でセックスするので（儒教的に）よくない動物なのだそうです。そこでイヌ肉は、中国人は好まず、朝鮮料理の名物になっています。

仏教は、後でのべますが殺生戒があるだけで、本来食物規制はありません。禅宗が肉食をやめて精進料理を始めました。中国の精進料理は、肉の代わりに大豆蛋白を使えばいいのですから、味や見た目を肉料理そっくりに作ります。雰囲気重視の日本の精進料理と、発想が反対です。

インドネシアで、味の素が触媒にブタの酵素を使っていて問題になりました。触媒だからいいやと思ったのかもしれませんが、グローバル企業としては失格です。一流のイスラム法学者を顧問にお願いし、製造工程がイスラム法に合致するお墨付きを貰っておくべきでした。

福音と愛の思想

講義3　キリスト教とはなにか

キリスト教というのは、よく調べてみると、実は日本人にとっては気持ち悪い宗教なのではないか。でも、日本人はキリスト教の雰囲気がいいところは大好きです。たとえば、教会での結婚式、クリスマス、『マッチ売りの少女』のお話……。どうやら日本人はキリスト教を誤解しているようです。しかし、欧米の文化や生活習慣、思想やものの考え方のベースに、キリスト教の思想があることは間違いありません。欧米諸国と付き合い、彼らを理解するために、キリスト教の知識は不可欠なのです。

キーワード　キリスト、愛、神の国、罪、復活、公会議、三位一体

キリスト教とはなにか

クリスマスを祝い、教会で結婚式を挙げる日本人。キリスト教について、最低限の知識はあるようです。しかし、本当にキリスト教を理解しているのかとなると心許ない。

日本人のうちクリスチャンの割合は、カトリックとプロテスタントを合わせても人口の約一パーセント程度。一〇〇万人あまりで微々たる人数です。いっぽうお隣の韓国は、数十年

前でこそ人口の一〇パーセントそこそこでしたが、その後どんどん増え続け、いまでは国民の半分近くがクリスチャンです。日本人はどうやら、キリスト教をどこかで拒否しているらしい。

❖韓国は、もともとは儒教の国。韓国にキリスト教を広めたなかに、日本人宣教師もいました。明治時代、日本でキリスト教が認められ、一九一〇年の日韓併合のときに、これからは儒教ではだめ、世界宗教のキリスト教を広めましょうと、日本のクリスチャンが先導して布教して回った。日本ではクリスチャンはまったく増えないというのに、韓国は今や、五〇パーセントになんなんとする勢いで増えています。これは、韓国が父系社会だからではないかと思います。韓国では、家庭の権威は父親にあり、父親の権威はさらに祖先につながっていく。そこで、アブラハム、イサク、ヤコブと続く父系社会のキリスト教も入りやすい。「天なる父」も、父親崇拝の形を変えたものといえます。そこで伝統的な家族信仰が弱まって核家族化したり近代化したりしていくときに、その隙間を埋めるものとして、まことに好都合だったという構造があったのではないか。

キリスト教がなぜ韓国で広まるのかより、逆に日本で広がらない理由の方が不思議です。これは、日本は父系社会でないからです。イエ社会は父親を尊敬するもののように見えるが、イエ社会が解体してもキリスト教に移らなかった。つまり構造が違うのです。

私の知人のKさんは、敬虔《けいけん》なクリスチャンの友人が末期の癌《がん》で入院したので見舞いに行きました。友人が「死ぬのは嫌だ」と騒ぐので、Kさんが、「お前は神の信じ方が足りない。いずれ復活するのだから安心して死ね」と叱りつけたところ、奥さんが出てきて「なにも病人にそこまで言わなくても」と恨まれたそうです。クリスチャンにしてもこの通り。

キリスト教は、イエスが現れたところから出発しました。イエスを神の子・キリストと信ずる人びとがユダヤ教から分かれ、キリスト教が始まります。そこでまず、イエスの生涯について要点をまとめ、そのあとでキリスト教の構造を理解しましょう。

イエスの生涯

イエスの記録は、『新約聖書』の福音書に書いてあることがすべてです。福音書は、初期のキリスト教会に伝わった伝承をまとめたもので、マタイ、マルコ、ルカ、ヨハネによる四書があります。このうち、はじめの三書は内容が似通っているので、共観福音書といいます。なかでもマルコ福音書が素朴で、もっとも古いかたちをとどめています。

福音書以外に記録がないので、歴史的イエスの実在を疑う人もいます。しかしクリスチャンは当然実在を信じていますから、われわれも実在を仮定して話を進めましょう。

イエスは、ガリラヤ地方のナザレの町に、紀元前四年頃生まれました。父は大工の**ヨセフ**、母は**マリヤ**。

❦「イエスの父は誰か問題」。まず、マタイの福音書は、イエスの父はヨセフであるという見解に立っています。なぜなら、冒頭の「イエス＝キリストの系図」には、アブラハムから始まってダビデまでが一四代。ダビデからエコニヤ（バビロン捕囚時代）までが一四代。エコニヤからイエスまでが一四代。ちょうどぴったりになるように並んでいます。「ダビデ王の子孫から救世主が現れる」という信仰を考えるならば、ダビデ王の系譜からイエスが生まれなければならない。それには、父親はヨセフでなければならないわけです。マルコ、ルカにはこのような記述はありません。

マリヤが乙女だったかどうか。これには、翻訳の問題があります。英語の maiden は乙女という意味になりますが、ギリシャ語ではそういう意味がなくてただ「未婚の女性」です。このように、翻訳聖書の中に余計なニュアンスが付け加わったという説もあります。ただ、結婚する前に妊娠していた、ということは確かなようです。それは当時、一般的ではなかったらしい。

もう一つの見解は、イエスの父は神だというもの。ですが、聖書には明瞭にそうとは書かれていない。ヨハネの福音書は、マタイ、マルコ、ルカまでの共観福音書とは違い、もう少し後から作ったものなので、そういう雰囲気がある。これも一つの解釈で、二つがあったわけです。

はっきりしていることは、ヨセフ、マリヤ、イエスが聖家族（サグラダファミリア）といわれていることです。三人の間で血縁関係が必ずしもはっきりしているわけではないが、ヨセフとマリヤとイエスが核家族のお手本、一番よい家族ということになっている。あなたは、母親をやりなさい。あなたは、父親をやりなさい。あなたは、子供をやりなさい。家族が役割でできているというキリスト教徒の考え方は、ここから出発するのです。家族は人為的なものなのです。そして信仰があるから成り立つものなのです。

イエスは子供時代から、シナゴーグでユダヤ教の教育を受けたと考えられます。二〇歳前後のことはよくわかりません。そのあと家を出て、**洗礼者ヨハネ**の洗礼を受けます。（洗礼者ヨハネは荒野で皮ごろもを着、イナゴを食べていた預言者で、「悔い改めよ、神の国は近づいた」と説きました。のちにヘロデ王に捕らえられ、王の娘サロメの求めで首を斬られます。）そのあと、荒野におもむき、試練を受けます（サタンの誘惑）。

❦イエスは、はじめパリサイ派の教育を受けていた。ところがそれに不満を覚えて、のちに、エッセネ派に非常に近い考えを持ったと思われる。聖書の中に、パリサイ派に対する悪口が山のようにある。サドカイ派に対する悪口もある。しかし、当時もう一つの流派であったエッセネ派に対する悪口はないので、マックス・ヴェーバーは、イエスはエッセネ派と極めて近い立場にいたと想定しています。

エッセネ派はどういうものか。終末の到来は近いと考えていて、人里離れた場所で祈りの生活を送る。「悔い改めよ、裁きの日は近い」と説くヨハネも、エッセネ派と近い考え方です。律法とか儀式とかではなく、「悔い改め」が一番大事だというのです。

イエスは最初、ヨハネの新興宗教に加入したと考えられます。ヨハネの教団から見ると、独立したあとも、イエスの地位はヨハネより低い。もとはヨハネの弟子ではないか。このコンプレックスがイエスの教団の側にはあるわけです。ヨハネ自身が、私の後から来るものは私より偉いとか、私は彼の靴のひもを解く値打ちもないとか、言っていたことになっているのは、イエスの教団の側の逆宣伝だと考えられます。

社会学的に見るならば、新しいグループを作る人は、その前に、別のグループに出入りする。これは、しばしばありがちなことです。

人里に出たイエスは、漁師の**ペテロ**、アンドレアスの兄弟ら、一二人を次々と弟子にします。そして、病人を癒し、水の上を歩き、わずかな食べ物を大勢に分け与えるなど、かずかずの奇蹟を行ないます。

イエスは群衆を前に「貧しい者は幸いである」などと説教をします（山上の垂訓《すいくん》）。また、巧みな喩えによる数々の説教をし、パリサイ人やサドカイ人と論争をしました。ローマへの税金をめぐって「カエサルのものはカエサルへ、神のものは神へ」と答えたのは有名です。弟子のペテロに「ペテロ（岩）よ、お前の上に教会を建てよう。そしてお前に天国の鍵を授けよう」と告げ、ペテロを**初代の教皇**に任じたことになっています。

❦当時の政治力学は複雑でした。ひとつはローマの統治。間接統治でしたが、ローマ帝国の属領に編入されていました。しかし自治を許されていたので、サンヘドリンという有力者の議会が裁判権や立法権を持っていた。その他に王がいて、行政権を持っていた。しかし上級統治権はローマにあるから、例えばイエスの処刑の執行などはローマ総督が行なう。有罪判決は、ユダヤ人の議会が下す。複雑なシステムだったわけです。

またさまざまなグループもあった。熱心党（ゼロータイ）というグループは、連合赤軍のように、武力闘争でユダヤ人国家の独立を勝ちとろうとしていた。そうすると、ローマ帝国や異民族出身のヘロデ王、ギリシャ文化などが敵となる。イエスも熱心党と一脈通じるところがある。当時の人びとも、イエスがやがて政治的クーデターを起こすと期待しました。一二人の弟子たちさえ、そのように考えていた。イエスが実権を握ったら誰が大臣になるのか喧嘩をしています。

イエスの最期

イエスはエルサレムでも説教をし、長老たちの反感を買い、最期を予期します。ゲッセマネで弟子たちと**最後の晩餐**《ばんさん》をとり、弟子ユダの裏切りによって逮捕されます。ペテロは見とがめられ、三度「イエスを知らない」と言います。イエスは最高法院で裁きを受け、死刑の

フランチェスカ「イエスの洗礼」

ラファエロ「聖家族」

マンテーニャ「磔刑」

判決を受けます。総督ピラトはイエスを尋問し、過越《すぎこし》の祭の慣例で囚人ひとりを釈放しようと言います。民衆はイエスでなく「バラバ（盗賊）を釈放せよ」と叫びます。イエスは茨《いばら》の冠を被せられ、ゴルゴダの丘で「ＩＮＲＩ」（ユダヤの王、ナザレのイエス）と記された十字架にかけられます。「主よ、なぜ見捨てたもうのですか……」という詩篇の一節（二二-一熱烈な神の讃歌）を叫んで息絶えます。遺骸は信徒が引き取り、洞窟に埋葬します。三日ののち、イエスは復活し、弟子たちのところに現れ、そして昇天します。

預言者としてのイエス

以上は、福音書に書いてあることですが、歴史上のイエスがどんな人物だったかを考えようとすれば、復活や昇天など、付加的な部分を割り引かなければなりません。

まず、当たり前のことですが、**イエスはユダヤ人で、ユダヤ教徒**でした。そして、**預言者**のように活動しました。彼は決してキリスト教徒ではありませんでした。

⚜イエスのジレンマは、ユダヤ教の枠内で考えながらユダヤ教の既存のシステムを否定したことです。たとえば、イエスが根拠にしているのは、やはり旧約のさまざまなテキストで、そこから読みとれる神の意思です。神の真意に照らせば、人為的な取り決めや制度などは、神と人間の直接の交流を阻んでいる。そうすると、イエス自身は、なぜ神の真意を知ることができるのかが問題になります。

自分はなぜ神の権威を背にすることができるのか。この時点で、「神の子」という考え方はまだないわけです。とすると、自分を預言者の系列に近づけなければならない。いっぽう長老たちは、イエスが神の権威をそなえていることを認めてそれに従うか、それとも、神の権威などないということを証明するか、どちらかになる。権威がないのに権威を主張しているのなら、有罪です。

結局イエスが死刑になったのは、「神を冒瀆《ぼうとく》したから」ということになります。議長が自分の服をずたずたに裂く。これは当時、極端な怒りや悲しみを表現する方法でした。

ここでユダヤ教の預言者について復習しておきましょう。預言者は、本人の意志と関係なく神に選ばれてなるもので、特別の学識・訓練も必要ありません。そして権力者や人民に向かって、神の言葉（警告）を伝えます。人びとは、彼の言葉が神から出ていると思えば彼の言うことを聞き、そうでなければぶち殺します。

❖預言者が人びとに支持されない限り、預言者は預言者ではありません。神の意思を「契約」という形でみんなが共有していて、しかも、権力者がそれから逸脱していると考えているからこそ、はじめて預言者が可能になる。神がなにを考えているか全くわからないという状態では、期待がないから預言者は現れません。神は、王とではなくて人民全体と契約しているという点がとても大事です。

憲法も本来そういうものです。憲法は、国民、人民全体に対する契約です。だから、権力者が憲法からずれたら、知識人を先頭に、それを批判する人が現れ、大きな運動になって権力がチェックされる。憲法の役割とはそういうものなのです。

小室直樹《こむろなおき》博士は、預言者の社会的機能を、システム理論の用語で「ビルト・イン・スタビライザー」（社会があるべき状態を逸脱したとき、それをあるべき状態に戻すため、もともと社会に組みこまれている制御メカニズム）と呼びました。

❦「ビルト・イン・スタビライザー built in stabilizer」は、サイバネティックス cybernetics の用語です。冷蔵庫であれば、サーモスタット thermostat。温度を感知して、冷えすぎたら切り、温かくなってきたらまた入れて、冷蔵庫の室温を一定にする。つまり、社会の状態が変な方向へ動けば、スイッチが入って預言者が現れ、いろいろなメッセージを送って社会を正しい方向に導く。

神道には、神との契約の考え方はありません。神と連絡できるのは、神主とか巫女《みこ》という選ばれた人で、その人が神の意思を代弁する。契約の内容や神の意思をはっきり述べているテキストがあるわけではないので、人民は言いなりです。

イエスの権威

イエスの説教を聞いた人びとは、イエスが《権威ある者のように教えたので驚いた》といいます。これを、イエスが急にいばったのでびっくりした、などと誤解しないように。権威(authority)とは正しさの規準であることで、本来は神の性質です。イエスが神(から)の言葉を語ったので、人びとは驚いたのです。

イエスは病人を治し、死者を甦らせ、水の上を歩くなど、かずかずの**奇蹟**を起こしました。奇蹟はよく、オカルトや超能力と混同されます。しかし奇蹟は、預言者が神の権威を背後にしていることを証明するためのもので、むしろ、超能力やオカルト現象がありえない(自然は厳格に自然法則に従う)ことを前提とする考え方なのです。

❖奇蹟は自然現象でないことが起こることで、神の権威を持っていることの証明です。普通、奇蹟は非合理主義だと考えられるが、そうではない。自然現象はすべて合理的に起こるはずだと考えるからこそ、はじめて奇蹟が意味を持つ。単なるオカルトとか超常現象に対する信仰ではないのです。キリスト教徒は一般にオカルトや超常現象に対して批判的で、星占いや血液型占いも本当は禁止です。

イエスの教え

イエスは『旧約聖書』を縦横に引用し、独創的な**比喩**をまじえて説教しました。そのテーマをひとくちで言えば、「**愛**」です。イエスは、形ばかり律法(ユダヤ教の宗教法)を守るパリサイ派の人びとを批判し、神が律法を与えたのは、神が人類を救済しようという意思（愛）を持っているからであること、その愛にこたえて、われわれ人間も神を愛し、互いに愛し合わなければならないことを説きました。イエスは、律法の中で重要なのはなにかと質問した律法学者に、「心を尽くし……汝《なんじ》の神、主を愛せ」（申命六-五）、「汝の隣人を汝のごとく愛せ」（レビ一九-一八）の二つだと答えています。そしてこうした愛の教えは「律法を廃止するためでなく、律法を成就するため」（マタイ五-一七）のものだとも言います。

愛が実現され、神と人びとが和解して（罪を許されて）生きる新しい世界が、**神の国**です。これは、裁きの日のあとに訪れるのですが、決して地上の国ではありません。神の国についてイエスが断片的にのべているところによると、そこでは人びとは、天使のように性別なく暮らし、地上の富をいささかも必要とせず、永遠の生命を与えられます。

❦愛は、英語ではラブ love ですが、実はこれが間違いのモトです。人間が人間を好きになる場合と、神様が人間を好きになる場合の区別がない。

新約聖書はギリシャ語で書いてあり、ギリシャ語には love に相当する言葉が三つある。フィロスとエロスとアガペーです。フィロスは知的な好奇心。エロスはいわゆる性愛、相手に価値があるので好きになるというものです。いっぽう神の愛、アガペーは無償の愛で、相手に価値がなくても好きになる。そこが「love」や「愛」という言葉でははっきりしないから、キリスト教の愛がますますわからなくなってしまう。

イエスの説く愛は、相手が自分にとってどんなに価値がなかろうと、同じ人間であるから利害打算を超えて大切にしましょう、ということです。ですから、とても不自然です。ふつうは友達親兄弟だから、お金持ちだから、才能があるからなどの理由で人を好きになる。それはいけませんと言っている。

「隣人を愛しなさい」といいます。日本人の習慣と同じですから、当たり前に聞こえる。でも、ここでいう「隣人」は、嫌なヤツのことです。習慣や考え方が違う異民族、異教徒が同じ都市に住んでいる。彼らと仲よくしなさいという話なのです。

キリスト教の愛は、人間にはできないことを命令しているのです。しかもどこまで尽くせば愛したことになるのか、それもはっきり規定がありません。

愛は、罪と反対です。罪は重力のようなもの。物を投げれば下に落ちる。それと同様に、人間は放っておくと罪深くなる。神に逆らうのが罪です。自分を中心にして世界を解釈し、自分中心に行動する。それは神に逆らっていることにほかならない。ですから、自分らしさ、自分を保ったまま愛に生きるなどということは、ほとんど不可能な要求と言ってもいい。

さて、ここでイエスという存在の意味を考えてみましょう。それには、原罪を理解することがまず必要です。原罪という考え方は、ユダヤ教にはありません。人間は本性として神に背くものなのだという学説が原罪です。いくら神に従おうと思っても、そうすることができない。人間は必ず神に背いて破滅させられてしまう。それでも救われるとしたら、「神に背きながらも救われる」というロジックが必要です。誰かが人間の罪を引き受けて、犠牲となってくれる。それをみんなで信じるのです。罪があるままただ救われるということはありません。

絶対の基準に照らしてみれば、人間はなんて嫌な存在だろう。これがリアリズムです。こういう人間たちがそのままで、みんなで愛の世界に入ろうと思ったら、ジャンプが必要です。イエスは、不可能を可能にする。そうした存在を神が偉大な計画によって、われわれのところに送ってよこした、そう考える。

では、イエス自身はそのことを知っていたのでしょうか？　〝私は死刑になるが三日後に復活して神のところへ行けるから大丈夫〟、そう思ったら、死ぬのも怖くない。人間としての苦悩はできない。聖書には、イエスは人間としての苦悩を一〇〇パーセント受けたように書いてある。人間と同じように恐れや不安におののいたり、越え難い苦悩を味わっている。でも本当にそうなら、神の子とはいえません。ここが矛盾です。

社会学者として言えば、そんな矛盾した人格はあり得ない。やはりイエスは人間で、普通の預言者です。彼自身は、自分を神の子だと思っていたはずはないでしょう。ただ、ここまで極端なことを言えば、死刑になるかもしれない、ただでは済まない、という認識はあった。その時期もある程度予測できた。そこまでは聖書に書いてあり、あとは解釈です。

「復活」「神の計画」「神の子」などは聖書の解釈です。特に「神の子」であるというのは学説で、イエスが述べたことではなく、後に公会議で決定されたことです。

初期教会の活動

イエスの死後、失望した群衆や弟子たちは四散しますが、やがてイエスが「**復活**」したと信じられるようになります。

❖復活については、ユダヤ教の中で二つの学説がありました。サドカイ派は復活を信じない。パリサイ派は復活を信じる。

神が土から人間を創造したのなら、死者は土にかえる。神にとっては、死者にもう一度生命を与えるなど簡単なことです。復活は再創造です。それは一〇〇パーセント神の意思に依っています。ユダヤ教は死後の世界を考えないので、死者は端的に存在しなくなる。復活する必要はない。キリスト教は、復活を教義の中心に据えた。なぜか。それは、旧約聖書の解釈によるわけです。人間が創造された当初、人間は死ななかった。イブが蛇にそそのかされて、アダムと一緒にリンゴを食べた結果、知恵を身につけ、神を疑うようになった。神に罪を犯し、その罰として死ぬようになった。だから人間が神に赦されれば、人間は死ななくてよいはずだと考えるのです。

人間が罪を許されて永遠の生命を得るのはいいとして、その日を待たずに死んでしまった人はどうなるのか。その人たちは永遠の生命を与えられないのか。そこで、過去に遡って死者を復活させ、生きていようと死んでいようと全員最後の審判にかけましょう。このように解釈したのです。

イエスの復活を信じるペテロら一二弟子を中心とする初期教会ができあがります。初期教会がどういう活動をしていたかは（「使徒行伝」などを除けば）はっきりした記録がないままに、一世紀あまりを経て、ローマ帝国内の巨大宗教として姿を現します。

初期教会は、①ユダヤ教内部の一分派としてエルサレム周辺で活動したグループ、②地中海一帯のユダヤ人・ギリシャ人らへレニズム世界に布教したグループ、の二系統があります。はじめ前者が優勢でしたが、ユダヤ人がローマに反抗して敗れエルサレムの神殿も解体され、ユダヤ人が故国を追われてからは、後者が優勢となります。（ですから、新約聖書の原本はギリシャ語です。）そして、後者を代表するのが、使徒**パウロ**です。

ローマ帝国の各地でキリスト教徒は、地下墓地（カタコウム）などに密かに集まり、集会を行ないました。そして、信者の取り合いなどが原因で、ユダヤ教と険悪な関係となります。

❦ユダヤ教とキリスト教は、早い時期から対立関係にありました。キリスト教の布教には、シナゴーグなどに行ってユダヤ教徒を勧誘するのが一番簡単です。シナゴーグには一神教に興味のあるギリシャ人なども出入りしていたわけですが、そこを、「ユダヤ教と違って、キリスト教は割礼がないから入りなさい」などと勧誘する。ユダヤ教も黙ってみているわけにはいかず、信者の取り合いになってもめるわけです。

ユダヤ教は先に、ローマ帝国と協定を結んで、ユダヤ教徒は皇帝崇拝をしなくていいという許可をもらっていた。いっぽうキリスト教は、やはり偶像崇拝は禁止なので許可がないのに皇帝崇拝をさぼる。それをユダヤ教徒がローマ帝国に言いつけたりしたので、ますます話がこじれました。パウロもキリスト教徒をとっちめるユダヤ教の内ゲバ隊長をやっていました。

使徒パウロの活躍

パウロは、小アジアの町タルソのよい家庭に生まれたユダヤ人で、ローマの市民権も持っていました。彼は血気盛んなユダヤ教徒として、「先頭に立って教会堂を破壊し、……男女信徒をひっ捕らえては獄に投げこ」(犬養、下：三五八)むなど、キリスト教迫害の先頭に立っていましたが、紀元三三年か三四年ごろ、ロバに乗って旅をする途中でイエスを見て、**回心**(conversion)します。それからはキリスト教を精力的に広め、多くの書簡を著しました。『新約聖書』の書簡の大部分は、パウロが執筆したものです。そのあと、紀元六四年のローマの大火の折に、皇帝ネロに捕らえられて処刑されました。

パウロは、十字架で死んだイエス＝キリストの死を、神との**新しい契約**(新約)と解釈しました。**キリスト**は、**メシヤ**（ヘブライ語で救世主《きゅうせいしゅ》）の意味。そのイエス＝キリストが**神の****子**（ひとり子）であり、人類に福音を伝えるため降誕した、と考えるのです。そして罪のないまま十字架にかけられ、復活して天に昇りました。この事実が奇蹟であり、神の大いなる計画をあらわすものです。パウロによって、キリスト教の教義の骨格が完成します。

パウロの思想

そのほか、いくつかのパウロの主張が、キリスト教の性格を決定づけました。

まず第一に、パウロは、神の国は近づいた（英語では near at hand と訳した）と言います。これは、ごく近いうちという意味ですから、急いで**終末**（最後の審判）を迎える準備をしなければならない。その結果、現世に対して無関心となります。こんな切迫した状況では、結婚や家庭生活もおちおち続けられません。そこで《未婚者とやもめに言いますが、皆わたしのように独りでいるのがよいでしょう。しかし、自分を抑制できなければ結婚しなさい》と言います。カトリックの聖職者（神父）が独身なのは、このためです。

また、《人は皆、上に立つ権威に従うべきです。神に由来しない権威はなく、今ある権威はすべて神によって立てられたものだからです》と「ローマ人への手紙」でのべています。ローマ帝国に反抗するなというのですが、これ以来、地上は世俗の国王が支配するいっぽう、教会は霊の救済（神の王国）に責任をもつ、という分担が生じました。国王は教会を庇護し

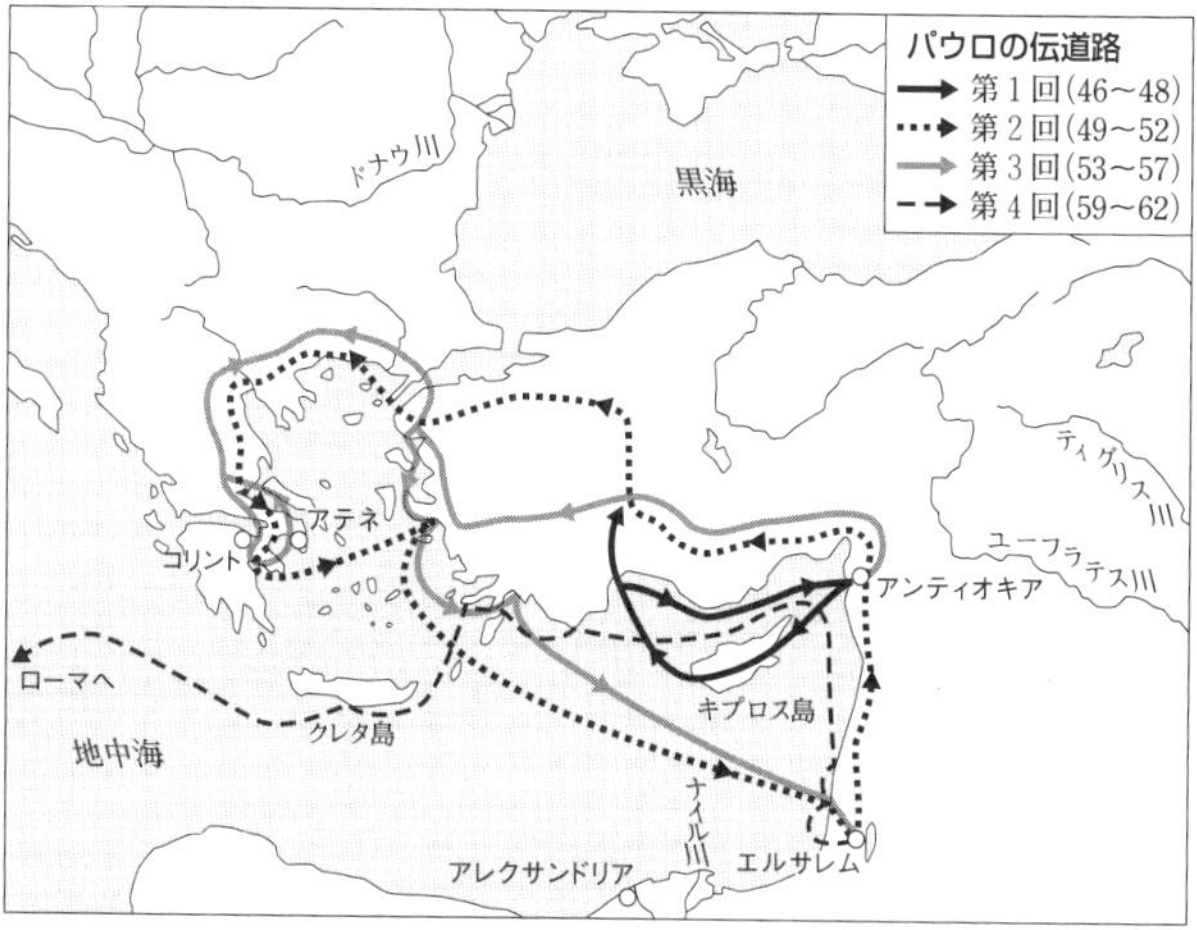

使徒パウロの伝道路

カラヴァッジオ「パウロの回心」

て信仰を擁護し、教会は国王に戴冠して統治に協力します。これが**二王国論**です。

❦二王国論は、キリスト教の基本ですが、イエスの「カエサルのものはカエサルへ、神のものは神へ」という言葉に基づいています。要するに、魂を支配する教会と、地上を支配する世俗の政治とは別であるという考え方です。

この考え方は、ヨーロッパの形成にとって本質的なものです。ヨーロッパは多民族です。国はばらばら。それでも、教会は一つでいい。実際には、西ローマと東ローマが分裂したので、教会も東西に分かれていましたが、お互いキリスト教であるということは認め合っています。

これが中国の儒教なら、どうしても政治的統一が必要です。統一が解体すると社会も壊れてしまうのですが、ヨーロッパの場合、政治的統一は必ずしも必要ではない。だから民族ごとの国民国家を作れるし、地上では国民主権は絶対でありうる。さらに、その絶対主権を市民が奪い取ってもいい。ここまでいけば、民主主義ができます。二王国論は、ヨーロッパの封建制、絶対王制、近代国家の基礎になりました。

そして、思想の自由、言論の自由の基礎になりました。教会と国家は独立しているのですから、教会が言論で権力を批判してもいい。言論のことは言論で決着して、権力を介在させない。こういう習慣から、自然科学が起きる。キリスト教でなければ、なかなかこうはいきません。

パウロは「神の国は近づいた」と説いた。ところが、すぐ来るはずだった終末が来ないまま、二〇〇〇年ほど経ちました。それでもキリスト教徒は、明日が世界の終わりでもいいように覚悟しているのが正しいのです。

律法から信仰へ

イエスの犠牲は、旧約のイサクの犠牲の裏返しでもあります。アブラハムはたったひとりの息子・イサクを、神の命令で殺そうとしました。神はナイフを握ったアブラハムの手を止め、その信仰を祝福します。今度はあべこべに、神がひとり子を犠牲にしたのです。

イエス＝キリストが十字架上で死ぬと、なぜ人類が救われるのでしょうか？

ひとつの解釈は、古代の**同害報復**《どうがいほうふく》（目には目、歯には歯……）の原理によるもの。ある部族（A）の一人が別の部族（B）の誰かに殺されると、部族Aは復讐に部族Bの一人を殺す権利を持ちます。そこで通りかかった部族Bの誰か（罪がない）を殺すと、復讐は終わりで、犯人は罪があるのに助かるのです。それと同じで、人類は罪があるので、死を運命づけられています。しかしイエスが、罪のないのに人類の罪を背負って死んだので、人類は神から赦されることになります。神の子イエスの犠牲によって、人類はいわばイエスの義兄弟となり、神の義理の息子（養子）として、神の国に入ることができるのです。

もうひとつの解釈は、奴隷解放の原理によるもの。人間は罪の奴隷で、自分で自分を贖《あがな》うことができません。奴隷には法的人格がない（売買契約の主体となることができない）からです。そこへイエスがやってきて、自分の血を支払って、人類をその主人（罪）から贖いました。いまや人類は、イエス（とその父である神）を主人とする、というのです。

いずれにせよ、イエスがキリストであり、神の子であって、罪のないまま十字架上で死んで復活した、これを**信仰**せよ、というのがパウロの主張です。律法を守るのでなく、この事実を信仰することが、救済の条件だ、とキリスト教は考えます。そのため、ユダヤ教の定めている割礼《かつれい》や食物規制などはすべて廃止され、ユダヤ人以外の人びとにも急速にキリスト教が広まっていきます。

契約の更改

キリスト教にあってユダヤ教にない考え方、それが、**契約の更改**です。

ユダヤ教（そしてイスラム教）は、神との契約を本質とする宗教です。その契約（宗教法）は、変化しません。神と結んだ契約を、人間が勝手に変えられないからです。

キリスト教は、イエス＝キリストの生誕を境に、人類史を二つに分けます。紀元前（B.C.）は、ユダヤ教の律法が神との契約であった時期。紀元後（A.D.）は、イエス＝キリストへの信仰を契約とする時期。イエス＝キリストは、神の子である（神と同等の権利を持つ）からこそ、旧《ふる》い契約（律法）を廃止し、新しい契約を結ぶことができたのです。（ちなみにイスラム教徒は、神の「子」などというものを絶対に認めません。イエスはムハンマドより格下の、ただの預言者としての扱いです。）

⚜なぜ神は、まず律法を与え、後でイエス＝キリストの福音を伝えるというややこしいことをしたのか？　トマス・アクィナス*の『神学大全』にはこう書いてあります。それは、そのほうが福音のありがたみがよくわかるから。人間はまず律法を与えられたので守ろうと努力した。でも実際には、全然守れない。そこで困っていると、イエス＝キリストが現れて、これから私を信じてくれれば救われるとのべた。これはよい、となります。

契約の更改という考え方があればこそ、**革命**の考え方も生まれます。革命とは、ある時点を境に、社会の法則性（特に法律）がまったく異なったものとなることを意味します。絶対王制をくつがえした近代市民革命も、資本主義社会を打倒する共産主義の革命も、契約の更改から派生した考え方（コロラリー）なのです。

⚜では、アジアに革命の考え方はあるのか？　結論から言えば、伝統中国の「革命」は、

トマス・アクィナス Thomas Aquinas（一二二五頃—一二七四）：イタリアの神学者。ベネディクト会修道院に入り、スコラ哲学の教理を大成。生涯を論争と著述に捧げ、『神学大全』『護教大全』を著す。

ヨーロッパの革命revolutionとは違います。ヨーロッパの革命は「契約が変わる」のですから、社会秩序が変わる。社会の法則性が変わる。こういう考え方が根本にあって、市民革命という考え方が起こります。市民革命では、法律が変わる。新しい法律を作ると、新しい社会になる。これが革命です。

中国の革命（易姓《えきせい》革命）は、単なる政権交代に限りなく近い。革命がすむと、前とだいたい同じような社会が出来上がる。アジアの革命とヨーロッパの革命は根本的に違うわけです。

集団救済から個人救済へ

もうひとつ、キリスト教にあってユダヤ教にないのが、**個人救済**の考え方です。ユダヤ教では原則として、救済の単位はユダヤ民族でした。しかし、キリスト教では一人ひとりが裁きを受け、神の国に入れたり入れなかったりします。救済の単位が個人（の霊魂）であるという点で、近代的・個人主義的な宗教であると言えるでしょう。（ちなみにイスラム教も、個人救済の宗教です。）

それでは、どういう人間が救われるのでしょうか？

キリスト教は、律法を（外形的に）守れば救われるという考え方（もっと一般的に、人間が自分の行為や主体的努力で救われるという考え方）を、徹底して斥《しりぞ》けます。救済は神の胸先三寸で決まり、人間が口を出す余地は皆無です。神を信じることは救済の条件のひとつですが、信仰さえも人間の自由意志でなく、**神がわれわれを信じさせてくださる**と考えて神の恩恵とみなします。（だから、無信仰＝神に見放された、という意味になるのでした。）

人間はもともと神に逆らうようにできている（**原罪**）、ゆえに自己努力では救われない、この事実をよくわきまえて、イエス＝キリスト（神の愛）を信仰する——こうした「マナイタの上の鯉《こい》」状態に自分を投げ出すのが、キリスト教徒の正しいあり方なのです。

キリスト教でなにがわかりにくいかというと、神が人間でないという点です。神は知的生命なのですが、人間ではない。あえて言えばエイリアン。エイリアンは、地球外生命で、知性がある。そして必ずしも人間に好意的でない。そんなものが実在したら、恐怖です。そんなものは悪魔に見えますが、実は悪魔と神は、表裏で構造が似ているわけです。さいわい神はよい意図をもっていて、人間を創り出し、人間を救おうと思っている。

神は絶対。人間は被造物、神の意のままになるロボットである。日本人にすれば、このような感覚になると思います。とても人為的に思える。

なぜ、そのような考え方が起きたのか？　多分それは、奴隷制を経過したからだと思います。日本には奴隷制がありませんから、人間が、他の人間の意のままになったり所有物になったりした経験がない。奴隷制というのは、人間が他の人間の所有物になるのですから、人間の条件が脅かされる。そこで奴隷制の社会では、人間の条件をとことん考える。

それが宗教に反映していると思います。

人間が人間の奴隷となり、人間が人間の主人となるという間違った状況を解消するには、神が人間の主人であることにすればよい。それなら、人間は奴隷状態を否定できる。これが一神教のアイデアなのです。

日本人には、救われるためには善行を積めばよい、という感覚があります。しかし、一神教ではそれは、主人に対して賄賂を使うようなものです。「善行を積めば救われる」というのは、日本の仏教や神道などの基本ですが、その論理を突き詰めれば、人間と神が対等になってしまう。これは一神教には容認できない発想です。

講義の要点を復習しておきましょう。

1　ユダヤ教とキリスト教の違いについて、簡単に言えば……

2　イエス・キリストを信じれば、なぜ救われるのかと言うと……

参考文献

犬養道子『新約聖書物語（上・下）』新潮文庫　一九八〇

column

愛は混乱のモト

「愛」と聞けば、ああ、ロマンチックだなあと、何かよいことのように思うでしょう。でもこれは、日本人がキリスト教の影響を受けたせいです。

江戸時代まで「愛」と言えば、それは仏教にいう意味。仏教の「愛」はものごとに執着し、こだわり続ける、煩悩のことでした。「愛」を断ち切らなければ、覚りはえられません。

キリスト教の「愛」(=ラブ、アガペー)は、プラスの価値。仏教の「愛」は、マイナスの価値。まったく正反対のものを、同じ「愛」という言葉でよぶ(キリスト教のラブを「愛」と訳した)のが、混乱のもとです。

日本の男性が、「愛している」となかなか口にしないのも、これと関係があります。外国映画を観ると、男女とも顔を見れば「愛している」と言います。「愛している」と言わないと、愛していないことになるからです。せっかくなら、毎日そう言ってもらいたいと思うのが、人情かもしれない。でも、日本の男性の言い分はこうです。「愛している」と言わなくてもわかるのが理想だ。言わなくてもわかることを言うのは、照れくさいうえに、わざとらしく、かえって嘘になってしまう。それぐらいなら、黙っていよう……。

なんでも言葉に出すのが「契約」の思想ですが、ギャップは埋まらないようです。

講義4　宗教改革とはなにか

ルターとカルヴァン

キリスト教には、カトリックとプロテスタントがある。常識として、日本人はこのことを知っています。しかし、それがなにを意味するのかとなると、どこまで理解しているでしょうか？　もしかしてその対立を、仏教の小乗／大乗みたいなものだと、誤解していないでしょうか？　あるいは、仏教の宗派（天台宗、浄土宗、日蓮宗……）みたいなものだと誤解していないでしょうか？

宗教改革が、プロテスタントを産みました。宗教改革がなければ、アメリカという国家も、近代社会も生まれなかったでしょう。そして大事なことは、**宗教改革はキリスト教、それも西方教会（ローマ教会）に特有な現象**である（ギリシャ正教やイスラム教にはありえない）ということです。キリスト教会の社会学的な構造を理解するならば、宗教改革についてよく理解できるでしょう。

キーワード　主教、教皇、救済財、聖書中心主義、天職、禁欲、救済予定説

キリスト教の教会組織

仏教徒であることの必要十分条件。それは、三帰依《さんきえ》（後述）を表明することです。キリスト教徒であることの必要十分条件。それは、キリスト教の正統教義にもとづく教会で、洗礼を受けることです。そして、なにがキリスト教の正統教義かは、**公会議**で決定します。

公会議。こういうものがあるのは、キリスト教の特徴です。

初期のキリスト教会は、各地に散らばっていたユダヤ教からの改宗者や新規の入信者が集まって形成されました。一二使徒、使徒パウロらやその後継者たちは、まめに各地を連絡して回りました。各地の教会は、長老とよばれる人びとに指導されていましたが、やがて各地域の教会に責任をもつリーダー、主教（司教ともいう）が現れます。この主教たち全員が集まる会議（主教会議）が、公会議です。当時の交通事情では、これはきわめて困難なことだったので、ローマ皇帝がスポンサーとなって交通費や警護をまる抱えしないかぎり、公会議の開催は困難でした。

❦なぜ公会議ができたのか？　それは、キリスト教がユダヤ教から分派した派生宗教だからだと思います。キリスト教は聖書の解釈の違いによって成立している。もちろん新しいテキストも付け加えていますが、基本はユダヤ教です。解釈は、学説です。そして解釈（学説）は、ほうっておくとどんどん分岐していくものなのです。キリスト教を一体に保つためには、解釈の一致、学説の一致をはからなければならない。そのための仕組みが公会議です。

公会議は、キリスト教の信徒が、自由に意見をのべつつも、共通の解釈はなにかを取りまとめる。ここで決まった学説が公認の学説となって、信仰の規準となり、これに背《そむ》けば異端になる。公会議が開催できなくなれば、教会は分裂します。東西の教会が分裂した理由はそこにあります。

しばらく経つと、主教たちを統轄する大主教が現れ、さらにその上に立つ総主教が現れます。総主教は、エルサレム、アレクサンドリア、アンチオケア、ビザンチン（コンスタンティノープル）、ローマの五大都市に置かれました。はじめの三都市は、まもなく機能しなくなり、後世まで残るのはビザンチン、ローマの総主教です。このうち、ローマ教会の総主教を、**教皇**と称します。こうしてキリスト教会は、総主教―大主教―主教―平信徒というピラミッド組織をしくことになるのですが、初期教会の民主的な性格はのちのちまで維持され、たとえば、ローマ教皇は主教たちの選挙（コンクラーベ）で選ばれるのです。

公会議とはなにか

キリスト教は、使徒パウロによってスタートしたと言いましたが、教義が今日のかたちに練り上げられていくのに、数世紀を要しました。たとえば、今日の正統教義である**三位一体説**は、聖書に書いてあるわけではなくて、第一**コンスタンティノープル公会議**（三八一）で決定されたものです。公会議は、キリスト教の最高意思決定機関なのです。教祖（?）のイエスが早くに死んでしまい、教義が完成しないうちにスタートしたキリスト教は、信徒（の代表）の全体集会である公会議に、そうした権威を与えないわけにはいきませんでした。

初期教会から最後で最大の教父といわれる**アウグスティヌス**（三五四―四三〇）まで、多くの**教父**が現れてさまざまな解釈を唱え、論争を巻き起こしました。最大の論争は、「神の本性は分割できないから、キリストは神そのものでありえず、神聖ではあっても神性ではありえない」とするアリウスの説（ギリシャ哲学を踏まえた合理的な説）と、「キリストは本当の神性を持ち、神自身とまったく同質である」とするアタナシウスの説（原始キリスト教の信仰そのままの説）との対立でした。第一**ニケーア公会議**（三二五）は、**アリウス派**を異端とすると決定しました。その後曲折がありましたが、最終的に**アタナシウス派**が正統となって今日に至っています。

ローマ教会vsギリシャ正教会

キリスト教にとって重大な転機は、ローマ帝国の国教となったことでした。

政治の混乱と分裂にみまわれたローマ帝国は、それまでキリスト教を危険視していた態度を改め、キリスト教を公認（**ミラノ勅令**　三一三）し、やがて国教とします。国教とは、キリスト教に特権的な地位を認める代わりに、キリスト教会がローマ帝国の統治に協力する関係を言います。教会は、長年の念願だった、信仰を擁護する後楯《うしろだて》を得たのです。

ところがローマ帝国が、とうとう東西に分裂してしまいます。そのため、司教全員が集まる正式な公会議が開けなくなってしまいました。その結果、教会も分裂してしまいました。ローマ教会とビザンチン教会（ギリシャ正教会）の両方が正統と認めるのは、それ以前に開かれた六回（七回という数え方もある）の公会議だけです。それ以後、それぞれの教会が開いた司教会議もいちおう公会議と称しますが、キリスト教の教会全体の認めるものではありません。ローマ教会とビザンチン教会は、一一世紀に互いに破門しあってから最近まで、関係を断ったままでした。今後、七回目の公会議が開かれる予定もありません。

ローマ教会と二王国論

東ローマ帝国は、強力な国家として存続し続けたので、ビザンチン教会は安泰でした。そして、皇帝が総主教を兼ねる体制（**皇帝教皇主義**《ケザロパピズム》）が伝統となります。こうした体制では、教会改革など不可能です。教会に反対すれば、即、反権力・反体制ということになって、たちまち弾圧されてしまうからです。（ちなみにギリシャ正教は、ロシア人やセルビア人などに広がるたびに、**ロシア正教**、セルビア正教として、民族ごとに総主教座を分裂させていきます。**マルクス＝レーニン主義**は、そのロシア正教の伝統を受け継ぎ、皇帝教皇主義の教会とそっくりの特徴をもった共産党をつくり上げました。）

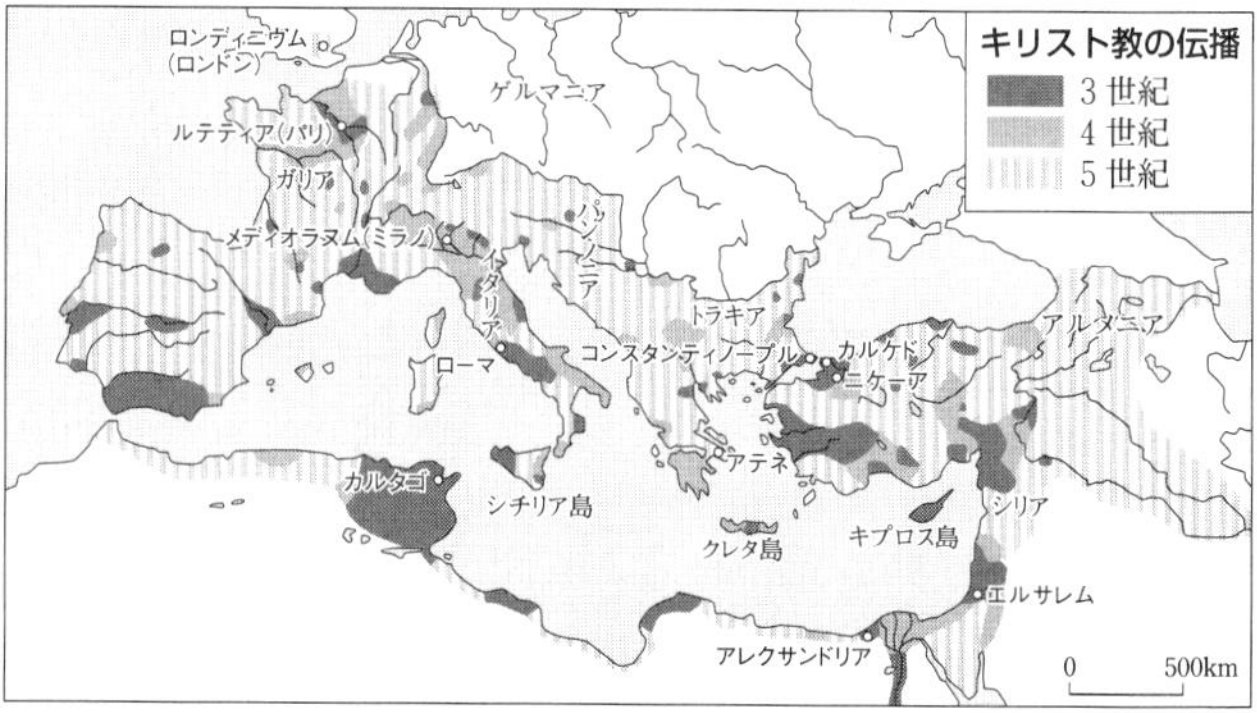

キリスト教の広がり

カノッサの屈辱：1077年，教皇グレゴリウス7世に破門された皇帝ハインリヒ4世が，赦しを請うている．

これに対して、西ローマ帝国はあっという間に滅んでしまったので、ローマ教会は苦労して、後釜を探さなければなりませんでした。ゲルマン民族をキリスト教に改宗させ、フランク王国のオットーに戴冠したり、神聖ローマ帝国に期待をつないだりしたのも、そのためです。結局、これといった強力な後楯はみつからないまま、教皇や各地の大司教が、各国の国王に**戴冠**する（＝正統な君主と認める）という、聖権と俗権の二人三脚の体制ができあがりました。これが、**二王国論**（地上の権力は国王が、霊的な権力は教会が握る二元的な体制）です。二王国論はキリスト教、特にローマ教会に特有の発想です。近代憲法にいう**政教分離の原則**も、もとはと言えばこれが起源なのです。

❦キリスト教は一神教なので、根本の考え方は一元論ですが、キリスト教が広まる過程でヘレニズム世界の影響を受けました。ヘレニズム世界にはギリシャ人が大勢いて、彼らは哲学が大好きですから、あらかじめ哲学の知識があった。キリスト教は布教の過程でそれを吸収し、変容していきました。最大のものが、霊と肉の二元論です。二王国論も、それをベースにしている。一元論である一神教が、霊と肉の二元論を吸収してしまった。ですからキリスト教には、肉体が滅んでも霊魂が残る。最後の審判で罰せられると、それも滅んでしまうと考える。魂をみとめるので、日本人にとってはユダヤ教よりもキリスト教のほうが理解しやすいのかもしれません。

東方教会の実態と教理については、わが国であまり知られていませんが、最近よい本が出ました（落合〔一九九八〕）。詳細は、それに譲りたいと思います。

免罪符の論理

キリスト教はゲルマン民族に浸透する過程で、キリスト教と関係のない要素も吸収しました。たとえば、聖人《セイント》の考え方。マリア崇拝。地獄と悪魔の考え方。中世を通じて、人びとに聖書を読ませず、教会は勝手な教義を広めてきました。

❖聖書を「読ませなかった」というより、実際には「読めなかった」のです。ローマ・カトリック教会の特徴は、典礼をラテン語で行なうこと。聖書もラテン語訳を用いた。これではチンプンカンプンです。しかしわからないなりにラテン語が共通しているので、民族ごとの教会に分裂しなかった。ここがヨーロッパにとっては大事だった。

ゲルマン人がどうやってクリスチャンになったかというと、部族単位。部族を率いる王がローマ帝国に服従したついでに、王の命令で部族をあげてキリスト教に改宗してしまうわけです。それまで樹の霊や小人、妖精などを信じていたのにいきなり改宗してしまうわけですから、キリスト教のなかみなどさっぱりわからない。聖職者もはじめ国王が適当に任命していました。教会とは名ばかりで、実態は部族社会のままです。そこでローマ教会が教会組織を整備してくると、聖職叙任権闘争が起こります。聖職者は本来、ローマ教皇が任命するはずだということで、国王と論争になった。
キリスト教の神学レヴェルも低かった。蔵書も数えるほどしかなく、イスラム世界には全然かなわないわけです。有名な神学者は、だいたいイスラムの大学に留学して、そこで聖書や神学、哲学を学んで帰ってくる。

ローマ教会は、天国の鍵を預かっている（マタイ福音書）。聖人たちの**救済財**も蓄えてある。そこで、ローマ教会のメンバーであることが、救済されるための必要条件である。教会に破門されれば、地獄に堕ちることを意味しました。その逆に、救済財の販売、すなわち免罪符の発行も可能だとされました。

これに、敢然と反対したのが、ドイツの修道士**マルチン・ルター**（Martin Luther 一四八三―一五四六）です。

ルターが免罪符に反対したのは、誤解されやすいのですが、ローマ教会の金儲け主義に反対だったからではありません。もしもローマ教会（教皇）に、イエス＝キリストの代理として人間を救済する権限があるのなら、免罪符を発行してもいいし、それを買って天国に入れるなら値段はいくらでも安いものです。でも、『聖書』のどこにもそんなことは書いてない、というのがルターの言い分でした。神（だけ）が人間の救済を決める以上、人間（教皇）がそれに関与できるはずはない――ここに宗教改革の核心がありました。

ルターの宗教改革

当時のドイツは「教皇の雌牛」とあだ名され、教会堂建築などで財政難のローマ教会に多額の税金をしぼり取られていました。ドイツは沢山の小国家が分立し、遠方すぎるイギリスや王権の強いフランスに比べ、税金を集めやすかったのです。それでも足りずに、免罪符の販売も強行されました。修道士ヨハン＝テッツェルの口上はこんな具合です。《お前たちは神と聖ペテロが呼んでいなさるのが聞こえないのか。お前たちの霊魂とお前たちの死んだ親しい者の救いのことを思わないのか。……そもそもお金が箱の中でチャリンと音を立てさえすれば、魂は煉獄の焰のなかから飛び出し天国に舞い上がるのだ。免罪符を買えば、キリストの母マリアを犯しても許されるのだ。》（『キリスト教史』II：四〇）

怒ったルターは一五一七年、**「九十五ヶ条の論題」**を発表します。ローマ教会はこれを問題視して、ルターをローマに呼びますが、火刑になることを恐れた彼は行きません。その代わりに同年七月、**ライプチヒ討論**が開かれます。ローマ教会の代表ヨハン＝エックと、ルターは論争して勝利し、ついでに教皇の権威（ローマ教会に人びとを救済する権限があるということ）を否定してしまいます。教皇から破門されたルターは一五二一年、ウォルムスの帝国議会に出頭し、意見をのべます。《聖書の証明および明白な論拠によって私を説得するのでなければ、私は自説を取り消すことはできません。教皇も宗教会議もしばしば誤りを犯し、か

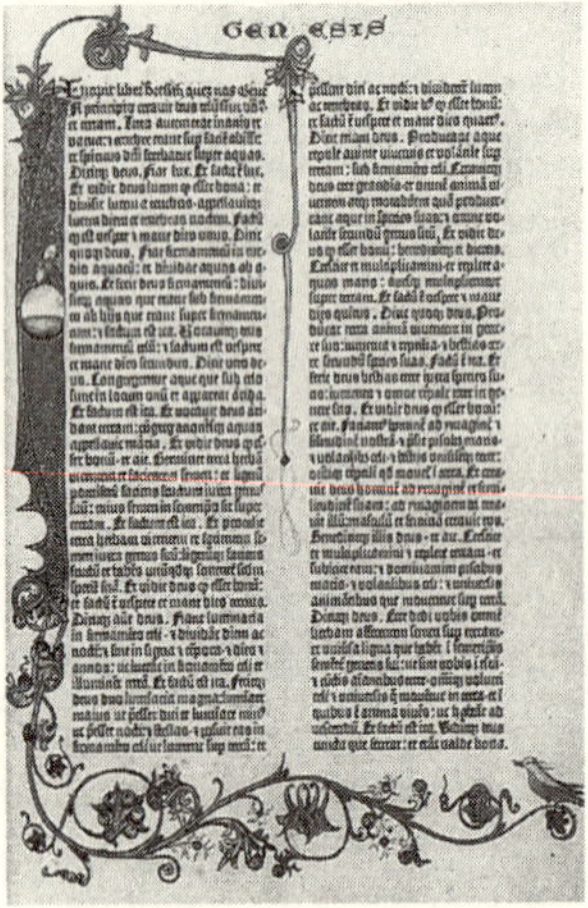

『グーテンベルクの42行聖書』：グーテンベルクによって印刷されたラテン語訳聖書.

つ自ら矛盾したことは明白なので、そのいずれにも私は信をおきません。》（同六〇）税金を払いたくなかったドイツの領主たちは、ルターの味方となりました。ルターはヴァルトブルク城にかくまわれて、**聖書のドイツ語訳**を完成させます。

⚜ルターは、旧約・新約聖書を一〇年がかりでドイツ語に翻訳しました。それをグーテンベルク*の印刷技術で印刷した。それ以前の写本には膨大な時間とコストがかかりました。今の感覚で言うと、一冊が数百万円から数千万円。そんなものは教会に一冊もあればよろしい。それが印刷技術によって人びとの手の届くものになった。学問的レヴェルがぐっと上がって、ローマ教会の権威を否定できる論拠とそれを支えるグループが出現しました。ローマ教会に税金を払わなくていい。そこで、ローマ教会を支持する勢力と、税金を払いたくないドイツの領主が、まっぷたつに分かれて延々と戦争が続き、ドイツは立ち直れないほどの打撃を被りました。

ルターの思想

「信仰によってのみ義とせらる」とするルターの立場は、**聖書中心主義**、すなわち、個々人が聖書のみを仲立ちとし、信仰によって神と直接結ばれるべきだという立場です。

❦ヨーロッパ中世に、曖昧な形のキリスト教が広まっていたところへ、原文で聖書を読んだ知識人たちが、キリスト教は本来そういうものではないと抗議の声を挙げ、それが浸透していった。こういう現象が起きたのは、新約聖書の中でイエスがのべている言葉に、普遍性があったからでしょう。

イエスの時代にも身分差別があったので、聖書は人間の平等を強調しています。弱者に手を差しのべようというヒューマニズムもある。当時のドイツやフランスも社会的矛盾を抱えていて、彼らにとって、イエスの言葉には共鳴するところがあったのです。

聖書の原則に照らすなら、こんな社会はあってはいけない、こんな教会はよくない、と抗議の声を挙げることができる。預言者が言っていたことと同じです。預言者は神の声を直接に聞いたわけですが、プロテスタントは聖書を読んで、そのテキストを手がかりにし

グーテンベルク Johannes Gutenberg（一三九七頃―一四六八）：ルネサンスの三大発明（火薬・羅針盤・印刷術）のひとつ、活版印刷術発明。五五年、『四二行聖書』と呼ばれるラテン語訳聖書を活版印刷した。この技術はヨーロッパ全土に広まり、宗教改革に貢献した。

た。そこが宗教改革の新しい点です。ですから聖書の翻訳が、重要だった。

宗教改革の結果、もう一度、信仰と政治権力の分離が起こって、信仰を理由に戦争をするのは止めましょうという妥協が最終的に成立した。国家が世俗のものであるということが、いやがうえにも再確認されました。こうして、教会と無関係に、自由に世俗国家を作れるようになったわけです。

ルターの思想でもっとも注目に値するのは、**天職**（Beruf）の考え方です。天職は神が人間に与えた任務という意味で、靴屋、農民、軍人など、世俗の職業すべてを含みます。その結果、聖職者の存在は必要なくなり、教会は平信徒（とその代表である牧師）で構成すればよいことになります。

❦ドイツでは、現在もルター訳のドイツ語聖書を使っています。なぜルター訳の聖書が今も使われているのかというと、ひとつの理由は、訳がよい。原典の忠実な翻訳です。もうひとつの理由は、ルターのドイツ語訳によって、ドイツ語ができたのです。それまでは方言がたくさんあり、正しいドイツ語がなかった。ルター訳がスペルや文法のスタンダードになった。たとえば〝Beruf〟はルターが創り出した言葉の一つで、もとは、神の呼びかけに人間が応えるということで、ルターはこれを天職という意味にしました。

靴屋は神に靴屋をやりなさいと言われ、それで靴屋をやっている。軍人は、神に言われて軍人をやっている。すべての職業は同じように貴い。神父や貴族や王様が特に貴いわけではない。これが天職という考え方です。これは誤訳というか、訳しすぎだった可能性もあるのですが、ルター訳の聖書を読んだ人たちは皆それによって勇気づけられ、「世俗の職業はみんな神聖なものなのだ」という考え方になった。これは、宗教改革のひとつの重要な点です。どんな職業もみな貴いからこそ、市民や平等の考え方が起こる。それまでは、トランプでいえば、スペード、ハート、ダイヤ、クラブの順番で、スペードの聖職者、ハートの王侯・貴族、ダイヤの商人、最底辺がこん棒の農民という身分序列があったわけですが、この封建的な意識が革命的に転換しました。

ルターの思想はたいへん革新的でしたが、**トマス・ミュンツァー**＊の率いる農民戦争が起こると、農民戦争反対に回ります。元司祭のミュンツァーは、領主への隷属の拒否・年貢や賦《ふ》役《えき》からの解放を掲げ、農民を指揮して直接民主制をめざしました。一〇〇〇箇所以上の修道

トマス・ミュンツァー　Thomas Müntzer（一四九〇頃―一五二五）：ドイツの神学者、宗教改革者。反体制思考を持ち、カトリック教権制を激しく攻撃。チューリンゲンに波及した農民戦争を「背信の徒に対する聖戦」と解釈し、指導的役割を担った革命の神学者。ルターの勧告によって諸侯は軍隊を総動員、これに敗れて斬首された。

院や城郭が襲われたので、領主たちは反撃に転じます。ルターは『強盗・殺人的農民に対して』で、こう述べます。《彼らのしていることは悪魔の業にほかならない。……彼らは追剝や殺人者のように肉体と魂の二重の死に値する。彼らはすでに神の法と帝国の法の保護の外におかれたので、このような反逆の徒を殺すことは正しいし、法に適っている。……彼らを叩き殺し、絞め殺し、刺し殺すべきである。》（『キリスト教史』II：七九）

こうして、農民戦争は鎮圧されました。

ルターが、隣人愛を根拠に国家権力を基礎づけた点も重要です。軍人からの質問に、彼はこう答えました。《真のキリスト者は地上にあっては、自分自身のためではなく、隣人のために生き、隣人に仕えるのであるから、自分では必要としないが、隣人には有用であり、必要であることををも、おのが霊の本性に従って行なうのである。……キリスト者は自分や自分の事がらのためには剣を帯びるべきでなく、また、剣に訴えるべきでないが、悪をとどめ善を守るために、他人のためには剣を帯び、剣に訴えてもよいし、そうすべきである。》（『この世の権威について』一五二三）

この思想が、近代国家を基礎づけるのです。

❦隣人愛のための武力は許されるのか？　中世の刑法は復讐法でしたから、自力救済です。自分のために武力を行使していいという原則でできている。近代刑法は、国家が暴力を独占して、復讐は禁止する。そうすると、国家が暴力を独占することを正当化しなければならない。軍人は人を殺す職業です。従来の考え方から言えば、それは悪い職業のはずです。しかしルターの考え方によると、軍人も天職です。なぜなら、それは隣人愛の発露だからです。迫害されている人がいた場合、駆けつけて制裁を加える。これは、自分のためではない。自分のためではないからこそ、正しい。個人的利害や動機ではなく、悪い人間を殺害するのは正しい行為だ。こうなってはじめて、国家が暴力を独占できる。その国家は絶対的で、封建領主や貴族の武装を解除し、武力を国家に集中できる。これが近代国家です。刑法がこういうふうに整備されて、初めて法の支配ができあがる。

つまり、天職の思想は近代を作り出したのです。そして、ルター派の学説は、暴力を初めて肯定したのだと言えます。これは大事な点です。マルクス＝レーニン主義なども基本はこの考え方に従っています。

改革派とカルヴァン

ルターの思想には不徹底な面もありましたが、その影響はヨーロッパ中に及びました。**ルター派**は、ドイツの東部・北部と北欧に広まりましたが、それ以外の地域には、**改革派**が広まりました。改革派は、**人文主義**（古代ギリシャの哲学など非キリスト教の文献に親しむ運動）をベースにした、ツヴィングリや**カルヴァン**（Jean Calvin　一五〇九－一五六四）の流れをくむ人びとの運動です。

❦一五世紀末から一六世紀、ヨーロッパに人文主義（ヒューマニズム）が起こります。当時、コンスタンティノープルからギリシャ語の読める学者たちが大量のテキストとともに亡命してきました。そして、古代ギリシャの哲学や思想がブームになったのです。キリスト教と関係のないテキストをギリシャ語で読みましょう。これが、人文主義です。古代世界についての知識が広まり、学力が一気に高まる。ギリシャ語の新約聖書、さらにヘブライ語の旧約聖書も、多くの知識人が普通に読めるようになった。これが、ルネッサンス、宗教改革の原動力になりました。

カルヴァンはフランス人で、新教弾圧をのがれ、ジュネーヴを拠点に活動しました。ジュネーヴは、ローマ教会の干渉を嫌って絶縁を宣言し、指導者を必要としていたのです。カルヴァンは、教会の規則が日常生活のすみずみまで律する神政政治を理想として、ジュネーヴを実質的に統治しました。ビロードの服を着てはいけない、金の装身具もだめ、大食いは御《ご》法度《はっと》といった、徹底した禁欲的な規則でした。

❦ルターは聖書中心主義でした。聖書には、こんな日常のこまごましたことがらについての規則は記されていません。なぜカルヴァンは規則を徹底させたのでしょう？　それは、日常の生活態度こそ信仰のバロメーターだと考えたからです。聖書にはたとえば、「地上にではなく、天に宝を蓄えなさい」と書いてある。そうすると、ビロードの服に金ピカの装身具をつけ、大食いをして大酒を飲んで……などという人は地上に宝を蓄えていると見なされるわけです。贅沢な生活は、神を大事に思っていないという意味になる。それをほうっておかず、「間違いです。神のことをよく考えなさい。正しい信仰を持ちなさい」と言ってあげるのが、隣人愛というものなのです。

ジュネーヴでは、こうしたおせっかいがどんどんエスカレートしました。お互いが監視し合い、夜中にひとの家にズカズカ入ってきて、贅沢品は没収。料理もわざわざまずく作ることにした。それもこれもカルヴァンの指導です。

カルヴァンは、一生を宗教改革のために捧げました。深夜まで手紙を書き、本の著述などで過ごす。また、市民生活のこまごました問題の解決に当たる。ちょっと寝て、また朝早くから働く。人びとは彼を畏れ、規則どおりの信仰生活を送りました。カルヴァンの政治力は抜群でした。ヨーロッパ中に張り巡らせたスパイ網から情報を集め、権謀術数にも長けていました。また、偶像崇拝を禁止し、カトリック教会の絵画や彫刻などを広場に持ち出して、壊したり燃やしたりしました。

カルヴァンは、プロテスタント最初の神学書『**キリスト教綱要**』（一五三六）を著します。カルヴァンの流れを汲む人びとは、フランドルからイギリスに広がり、**ピューリタン**（清教徒）と呼ばれるようになります。メイフラワー号でプリムスに渡り、アメリカ建国の礎となったピルグリム・ファーザーズも、ピューリタンです。

カルヴァンの救済予定説

カルヴァンは理性的で峻厳な思想家でした。彼の思想は、**救済予定説**（predestination）として知られます。

ルターは、善行ではなく信仰でのみ救われると説きました。では信仰は、人間の意志でしょうか？　宇宙の創造主・神の絶対主権を認めるなら、人間の意志は悪を欲する（神に背く）ことしかできないはず。人間が救いにふさわしい者になるか、それとも救いを拒むかを決定するのも自分の判断ではありえません。人間が選択しないのなら、それを選択するのは神なのです。救済される人間とそうでない人間とを、神が一方的に選択する。論理的な帰結は、これ（予定説）以外にありえないのです。

❖予定説ほど日本人にとってわかりにくい考え方もないと思います。ゲーム理論のモデルを借りて、考えてみましょう。

まず、神が「私を救ってくれる」と決めている場合。私がどのように行動しようと私は救われる。それなら自堕落に行動して地上での生活を楽しみ、そのあと救われて神の国に入るのがいい。いっぽう、神が「私を破滅させる」と決めている場合。地上で神の救済を信じて、つましい生活を送っても、結局救済されない。同じ破滅するなら、少なくとも地上にいる間だけでも面白おかしく自堕落に生活したほうがいい。ゆえに、神の出方がどうあれ、私は自堕落な生活をする。（ゲーム理論の言い方だと、自堕落な生活が人間にとっての支配戦略になります。）――日本人はこうなりそうです。

だけど、ピューリタンの場合はそうならずに、神が私を救う場合も救わない場合も、地上で信仰の生活を送る。そういう結論になる。なぜでしょう。キリスト教の教会は、地域で共同生活をする、運命的な共同体（コミュニティ）です。特に、カトリックや英国国教会などの弾圧を逃れ、自分たちの教会をつくった改革派、プロテスタントは結束が強くなる。そしてカルヴァンの学説によると、この仲間である人たちの中に、救われる人と救われない人、二種類の人間がいるという。誰が救われ誰が救われないか、神は知っている。しかし人間にはわかりません。わからないけれど、救われないだろうことがみえみえの人は、地域社会で相手にされません。まず自堕落な生活をしている人。本人が神に救われないと思っているからこそ、自堕落な生活をしているのでしょう。それは、神に見放されたた証拠です。逆に厳しい状況なのに、それでも信仰正しい生活をしている人は、神からの霊感、神の恩恵を受けて、神に「神を信じるようにさせてもらっている」。こういうふうに理解されます。

救済予定説は、人間に自由意志など存在しないという学説です。人間が自分の損得で考えれば、どうしても自堕落になる。それは人間が、神と連絡の取れていない独立なプレイヤーだからです。こういう状況では、神を信じないのがむしろ当たり前。それでも神を信じることは、合理的に説明できません。そこでむしろ、人間が信仰を持つか持たないかということ自体、神が決めていると考える。信仰心は、自分の主体性ではなくて、その人に信仰を宿らせた神の恩恵である。その反対に、自分の力で救われていると考えれば、神を冒瀆することになるのです。

信仰心は神の恩恵。それなら、自分は神を信じているのだろうかと、みな悩む。でも、共同体の中では、誰が信仰心が強いかという一種のゲームになっていますから、たとえ信仰心があやふやでも、外面的には信仰しているかのような生活を送る。さもなければ、商売にもさしつかえるのです。

救済予定説は、人間の行動様式（エートス）を劇的に変化させました。自分は救済されているのかどうか、決まっているけれど知りえない。知りえないのに、救われると信じたい。そのため人びとは、**世俗内禁欲**へと駆り立てられます。禁欲《アスケーゼ》とは、欲望を我慢するという意味ではなくて、自分の行動すべてを一定の目的のために組織するという意味。修道院の生活や受験勉強などがそうです。世俗の職業に全身全霊をこめて邁進するのが、世俗内禁欲です。カルヴァン派の人びとは神の栄光を増すため、そして自分が救われていると確信するため、勤勉に労働しました。利潤は、神がその労働をよしとしたものと解釈され、蓄積して再び資本投下されました。こうして、利潤それ自体を自己目的とし、浪費や蓄財を断念した**近代資本主義**の種がまかれた、とマックス・ヴェーバーは考えます。

❦キリスト教では教会が生活の中心です。月火水木金土と世俗の職業にはげみ、日曜日には教会に行く。教会に行くときだけしおらしくて、ふだんは自堕落。これはだめです。ふだんも大切。これは、世俗の職業が「天職」だからです。商売をするなら、正直に。正直は、隣人愛の実践です。そこで、品質のよいものを生産し、約束の時間を守り、値段をごまかさず、タイム・イズ・マネーで猛烈に働きます。やがて信用ができて、商売もうまくいく。そうすると、働けば働くほどお金が貯まる。お金が貯まるのは、神の恩寵がそこにあるという意味になる。成功はいいことなのです。私利私欲があったら、うまくいかない。私利私欲がなくて、きちんと働いている。その結果、経済的に豊かになるのは構わない。経済的に成功することは神の恩寵だから、それを目指すべきである。こういうふうに考えるわけです。資本主義まであと一歩です。この考え方が資本主義に発展していくには、世俗的な成功が自己目的化しさえすればよいのです。

ピューリタンと社会契約

改革派は、ローマ教会の権威を認めません。国王の干渉も好みません。理想は、自分たちで政教一致の独立国家をつくることです。そこで再発見されたのが、モーセ契約やダビデ契約など、旧約の思想でした。

❦プロテスタントはカトリック教会の間違いを批判しますが、それは教会全体がプロテスタントの考えで再統一されるべきだと考えているからです。その意味ではカトリックを前提にしているのです。カトリックのほうは、プロテスタントはカトリックから出ていったかもしれないが、戻って合体すればいいのにと考えている。プロテスタントはカトリックのなにからなにまで反対しているわけではなくて、共通点も多い。三位一体説には反対していない。

改革派のなかにも、三位一体説を認めない人が出てきました。セルベートという思想家はカルヴァンと対立し、三位一体説を認めなかった。なぜなら、聖書のなかにそう書いてないから。しかし、三位一体説は公会議の決定を経ています。正統の教義からすると彼は異端ですから、正しい考えに戻るように説得します。最後は、説得してもきかないのは悪魔だというわけで、火あぶりにされてしまいました。

思想の自由が認められるようになるのは、そのあとです。改革派は自分たちの思想の自由をカトリックに対して主張しましたが、それは、「思想は自由であるべきだから」ではなく、「自分が正しいから」主張したのにすぎなかった。改革派に反する考え方には、逆に不寛容でした。

改革派のピューリタンたちは、この意味で国家を神聖なものと考えましたから、新大陸へ脱出してメイフラワー契約（一六二〇）を結び、清教徒革命の際は国王チャールズ一世を、統治契約に違反し国家・国民に反逆した罪で処刑（一六四九）し、共和国を宣言したのです。

アメリカの初期植民地は、タウン（自治都市）を単位にした宗教共同体でしたが、ピューリタンのほかにもクウェーカー、バプティスト、英国国教会、カトリックなどさまざまな会派の人びとが入植し、多くの都市・教会・大学を建設しました。のちにアメリカ一三州は同盟してイギリスから独立し、連邦制を創設します。アメリカ合衆国の大統領制は、キリスト教を国教とした古代ローマをヒントにしたもので、信仰の自由を守る⇕法律を守る、という大統領と人民とのあいだの統治契約が憲法の基本になっています。

❦いっぽう、カトリックの中からも現状を憂えて新しい動きが出てきました。イグナティウス・デ・ロヨラ、フランシスコ・ザビエルなど、貴族でカトリックの敬虔な信者でもある知識人たちが、世界大の組織を作った。彼らは全生涯を完全に神に捧げるという一種の軍隊組織（イエズス会）をこしらえて、世界中に飛び立ち、一大布教運動を行ないます。日本に入ってきたのもイエズス会です。プロテスタントに比べて、カトリックがラテン・アメリカなど世界中に広まったのは彼らの運動に負うところが大きい。カトリックの側でも、論争を通じてプロテスタントの考え方をかなり摂取し、理論的に再武装したのではないかと思います。

参考文献

半田元夫・今野国雄『キリスト教史Ⅰ・Ⅱ』（世界宗教史叢書）山川出版社　一九七七
大木英夫『ピューリタン——近代化の精神構造』（中公新書160）中央公論社　一九六八
H・テュヒレ他『キリスト教史5・信仰分裂の時代』講談社　一九八一　↓平凡社ライブラリー　一九九七
M・ルター『キリスト者の抵抗権について』（著作集分冊8）聖文舎　一九七三
落合仁司『〈神〉の証明：なぜ宗教は成り立つか』（講談社現代新書1392）講談社　一九九八

講義5　イスラム教とはなにか

ウンマとイスラム法

日本にはイスラム教徒があまりいません。そのため、いろいろな誤解がまかり通っているようです。回教とかマホメット教とかいった、誤ったよび方をする人もまだいます。誤解としてはたとえば、①イスラム教＝アラブの宗教、というもの。②イスラム教はアッラーの神を信ずる宗教、というもの。③「片手に剣、片手にコーラン」、④砂漠の宗教、などのイメージ。⑤ホメイニ師はイスラム僧……、などの誤解と、いろいろあります。③は、キリスト教の宣伝文句ですが、戦闘的だったのはキリスト教のほうなのです。

キーワード　ムハンマド、ウンマ、ヒジュラ、ジハード、コーラン、スンナ

世界宗教

キリスト教徒が全世界で約一五億人なのに対して、イスラム教徒は、手元の少し古い資料によれば、手堅く見積もって五億五〇〇〇万人。その内訳は、アラブに三〇〇〇万人、西アジアの非アラブ圏に六〇〇〇万人、アラビア語を話すアフリカ圏に七〇〇〇万人、それ以外のアフリカに六〇〇〇万人、インド近辺に一億五〇〇〇万人、東南アジアに一億人、旧ソ連

に三〇〇〇万人、中国に一五〇〇万人、バルカン半島に五〇〇〇万人などとなっています。ちなみに現在は、一〇億人とも一一億人ともいわれています。

ムハンマドの生涯

イスラム教は、預言者**ムハンマド**（五七〇頃―六三二）によって創始されました。

当時のアラビア半島は、混乱の最中《さなか》にありました。商業は盛んでしたが、部族抗争が相継ぎ、流血が絶えません。また、ユダヤ教、キリスト教、偶像崇拝などが入り乱れて、宗教的にも混乱していました。

ムハンマドは**メッカ**の町に、名門**クライシュ族**の一員として生まれます。当時のメッカは、かなり高度な商業社会です。生前に父と、六歳で母と死別したムハンマドは、伯父の庇護のもとに商人となり、富裕な商家の未亡人**ハディーシャ**の隊商を任されて期待に応え、年上の彼女と結婚します。三男四女の父となりますが、男児はみな夭折《ようせつ》しました。やがて人生の意味を思い悩むようになり、砂漠で瞑想、ネストリウス派などのキリスト教に触れたりもします。

神の啓示と苦難

そしてムハンマド四〇歳のとき、ついにメッカ郊外のヒラー山上で、**大天使ジャブライー**

ル（ガブリエル）から**神の啓示**を受けます。（以後彼は、二〇年にわたって啓示を受け続けます。）妻は預言者の道を進むよう、彼を励まします。彼は布教を始め、妻や友人のアブー＝バクルなどの信者を得ます。しかし、メッカの人びとは彼を敵視し、迫害があいつぎ命さえ危険な状態になります。（天使に連れられて、一夜のうちにエルサレムに飛び、そこから昇天してイエス、モーセ、アブラハムに会って帰ってくるという奇蹟を体験するのもこの頃です。）

⚜ムハンマドはキリスト教徒やユダヤ教徒と接触し、論争の末に喧嘩別れしています。当時、メッカは宗教的混乱の極致で、偶像崇拝も広まっていた。ムハンマドは、偶像崇拝ではない、ユダヤ教やキリスト教に惹かれたのですが、そこから新しい究極の一神教を創造するに至る。神のメッセージを聞き始めたのです。

今日の言い方では、彼は癲癇《てんかん》だったと思われます。意識をなくして神の声を聞き、うわごとを口走る。そのうわごとを、傍らですかさずノートに記録するわけです。こうした超常的な体験が、やがて頻繁に起こるようになります。

ムハンマドには経営の才覚があって、それを見込まれて結婚しました。軍事指揮官としても政治家としても有能でした。芸術的センスや感受性もきわめて豊かであったろうと思われます。啓示は、神から韻文や詩のような形で聞こえてくるわけですが、それも彼の芸術的天分のたまものと考えられる。ところがはじめは人びとに受け容れられず、とんでもないやつだと袋だたきにされたりして、命からがらメッカを逃げ出したのです。

六二二年、彼は信者とともにヤスリブ（いまの**メディナ**で、メディナはメッカと並ぶ二大聖地）に逃れます。この年がイスラム暦（**ヒジュラ暦**）の元年です。

☙ヒジュラは聖遷《せいせん》という意味。

この地でムハンマドは、ムハージルーン（移住者：メッカから移住してきた信者）のみならず、多くのアンサール（援助者：メディナで改宗した信者）を獲得して、教団の基礎を固めます。そしてメッカに戻るクライシュ族の隊商を襲撃、敗走させます（**バドルの勝利**）。その後の戦闘を有利に進めたムハンマドは六三〇年、メッカに無血入城、**カアバ神殿**の偶像を打ち壊し、奴隷（＝メッカ住民）の解放を宣言します。アラブの諸部族は進んで盟約を求め、イスラム共同体（**ウンマ**）が形成されていきました。

☙カアバ神殿は、もともと別の古代宗教が使っていたものですが、コーランにはアブラハムとイシュマイルが建設したと書かれています。はじめイスラム教の聖地はエルサレムだったらしい。嘆きの壁の上にアブラハムがイサクを犠牲にしようとした岩があって、その上にモスクが建っています。しかし、ムハンマドはメッカを聖地と決め、礼拝もメッカの方向に行なうことになりました。

ムハンマドは、急速に拡大するウンマを指導し、異教徒との戦い（**聖戦＝ジハード**）を指揮しますが、まもなく病をえて、六三二年にメッカで死去します。

イスラム教の教理

ムハンマドの唱えたイスラムの教えは、**タウヒード**（神の唯一性）ということばに要約できます。これは、キリスト教の三位一体との対抗を意識したものでしょう。

❦ムハンマドは、三位一体説は非合理だと批判した。神の子という観念も批判した。イスラム教は、ユダヤ教、キリスト教より後発ですから、その弱点をコーランはバシバシ指摘している。コーランは論争の書です。逆に聖書には、もちろんイスラム教のことは書いてない。どうしても、論争はイスラム教に有利になりがちです。

神**アッラー**は、唯一絶対永遠の神。全知全能の創造主で、復讐と慈悲の神、最後の審判の裁き主。生まず生まれず、不可見で、姿なく形なく色なく部分なく、始めなく終わりない、不変不易の存在。耳なしに一切を聴き、目なしに一切を見る。アッラーの言葉は永遠不滅であるといいます。

❦すでに述べたように、アッラーはアラビア語で神という意味です。そして、旧約の神ヤーウェや新約の父なる神と同じものなのです。

しかし、ヤーウェとアッラーにもいくつか違いはあります。ヤーウェは、「自分に似せて人間をつくった」わけですから、形がありそうです。いっぽうアッラーは、形がない。目なく耳なくなにもない。だから、その偶像を作れないのです。

アッラーに仕えるのは、**天使**たち。天使たちは、光から作られ、男女なく老若なく、飲まず喰わず生まない。人間の行動を記録し、裁判の材料とします。さらに幽鬼（ジン）は、火焔から作られ、男女あり生殖あり善悪あり、の生き物です。

イスラム教も最後の審判を信じます。神はその日、死者をよみがえらせ、一人ひとりを生前の信仰と行為によって裁いて、天国または地獄に送ります。

❦アッラーもまた、生きて存在する神です。死者の神ではない。「死後の世界」はなく、死んで復活し、永遠の生命を受けてから天国に行くのです。コーランの特徴は、天国についての記述がきわめて詳しく具体的だということです。妙なる音楽が聞こえ、蜜やミルクが川に流れ、美女たちがサーヴィスしてくれたり、まさにパラダイスなのです。

ムスリムの務め

イスラム教には、**五つの柱**（ムスリムの務め）があります。

第一は**礼拝**（サラート）。一日に五回、メッカのカアバ神殿の方角に向かって礼拝します。

その方角を示す印を、キブラといいます。

第二は**喜捨**《きしゃ》（ザカート）。

第三は、**断食**《だんじき》（サウム）。毎年イスラム暦九月の一カ月間、昼間は食事や飲み水をとることができません。ただし、病人や旅人、妊婦および授乳中の婦人、老衰者、は断食を免除されます。イスラム暦は一年が三五四日なので、西暦とのあいだに一〇〇年で三年の誤差が出ます。

第四は、**メッカ巡礼**（ハッジ）。一生のうち一度は、メッカに巡礼に出かけるのがムスリムの務めとされています。毎年メッカには数百万人が集まります。

これに、**信仰告白**を加えて、ムスリムの五つの務めとします。

❦モスクにはメッカの方向を指すキブラが彫刻してあります。イスラム圏のホテルなどにも見られます。その方向に向かって、日の出前、午前、昼、午後、日没の五回、祈りを捧げます。祈りはモスクの尖塔の上から流れるアザーンという呼びかけにしたがって、集まれる場合はモスクに集まり、さもなければその場で、身を清めてから行ないます。

喜捨は、持つものは持たないものに富を与えるという意味です。よく言われる四人の妻を娶っていい、というのは、財産を持つものにはそれだけ妻子を養う義務があるという考え方によるものでしょう。この習慣は、初期戦死者が多く、身よりのない母子家庭が続出したことに由来するといいます。

メッカ（サウディアラビア）の聖モスクと礼拝する巡礼者たち．中央がカアバ神殿．聖モスクは何度か増築され，現在は73万～100万人収容可能．（写真：サウディアラビア大使館）

メディナの預言者のモスク（写真：サウディアラビア大使館）

断食月をラマダーンといいます。サウムは厳しい修行というよりもお祭りのようなものです。日の出から日没までは食べてはいけない。逆に日没後は食べていいので、しっかり食べます。それからラマダーン明けは正月のようなもので、ハレの日です。断食は、飢えている同朋たちを思いやり共感するために、定められたといいます。

メッカ巡礼はムスリムの最大のイベントです。カアバ神殿の周りをまわり、礼拝をする。

メッカ巡礼を果たしたムスリムは、「ハッジ」の称号を得、共同体の中で敬われます。

五柱は、日本人から見ると煩雑に見えてしまいますが、ムスリムにとっては生活に溶けこんでおり、負担ではありません。

以上の五つの柱がムスリムの、儀礼的な神への務めとすれば、実践的な神への務めとして、**ジハード（聖戦）**、**シャリーア（イスラム法）**の遵守があげられます。ジハードは、戦争に限らず、イスラム教を発展させる努力をいい、その途上で倒れたムスリムには天国が約束されます。イスラム法は、聖典**『クルアーン（コーラン）』**その他の定める法規をいい、豚肉、賭事、飲酒、利子（リバー）の禁止や複婚の承認など、さまざまな生活規定を含みます。

ムスリムの構成する人類大の社会が、ウンマ（イスラム共同体）です。すなわちウンマとは、唯一神アッラーを究極の主権者、その使徒・預言者ムハンマドを地上における代理人と認めるムスリムたちの組織する、宗教共同体です。

『クルアーン（コーラン）』

2000年，東京都渋谷区に完成した日本最大級のモスク「東京ジャーミィ」．（写真：共同通信社）

❦ウンマは世界に一つしかありません。神は一なり、ウンマは一なり。世界中のムスリムが一つのウンマの構成員です。そして、助け合う義務がある。もっとも現実問題としては、村などの地域的なまとまり、コミュニティもウンマと見なされます。たとえば、税金を集める範囲。世界中のムスリムが一箇所に税金を集め、それを分配するのは不可能ですから、地域ごとの政治指導者に委ねられるわけです。集めたお金でモスクを建てたり、それを貧窮者に分け与えたりというのも、その土地の政治家の義務です。

このように、共同体ウンマは大事ですが、救済は個人単位。また、メッカに行く義務も個人単位。これは絶対に譲らない。そうすると地域同士が独立して対抗する傾向は緩和されます。それからアラビア語。コーランはアラビア語で書かれ、祈りはアラビア語で捧げなければなりません。コーランの翻訳は許されない。アラビア語と巡礼という制度、そして、世界法であるイスラム法は唯一で、これによって、ムスリムの人類共同体としての一体性が担保されるわけです。最初から民族や国家を超えている。これは日本人に想像しにくいものです。

正統カリフの時代

イスラム教は、モーセやイエスを預言者と認め、ユダヤ教徒、キリスト教徒を「啓典の民」として尊重します。

❦イスラム教が他の宗教に対して不寛容で暴力的であるというのは、キリスト教側の宣伝ではないかと思います。イスラム教の考え方としては、税金さえ払えば、ユダヤ教、キリスト教を信じていてもよろしい。ただし税金が高い。そこで、こんなに税金を払うのなら、いっそ改宗してしまおうか、となる。これがイスラム教の作戦です。イスラエルが建国するまでのエルサレムはユダヤ教、キリスト教、イスラム教が雑居した混在状態でした。国家さえなければこれは可能なのです。

ムハンマドは、最後で最大の預言者、神の使徒として、新たな啓示をもたらし、地上で宗教的、政治的権威を兼ねそなえた存在として君臨しました。(ただし彼は、ただの人間であることが強調され、彼個人を崇拝するいかなる試みも厳しく禁じられています。)ムハンマドの死後、その宗教的権威を継ぐ者はいませんが、政治的権威を継承してウンマを統率する者として、**カリフ**(神の使徒の代理人)が選ばれます。

ムハンマドの死後、叛乱や偽預言者の活動によって、ウンマは解体の危機に瀕します。ムハージルーンとアンサールの反目もありましたが、長老会議で**アブー＝バクル**が初代のカリフに選出されます。彼の没後、**ウマル**→**ウスマーン**→**アリー**が順にカリフの位を継承します。この四名を、正統カリフといいます。この間に、イスラム教徒は広大な領土を獲得しました。

ウマイヤ家のウスマーンが暗殺されたあとに立ったアリーも、六六一年に暗殺されます。

かわってカリフになったのは、ウマイヤ家のムアウィアで、以後カリフを世襲し、一四代にわたるウマイヤ朝が始まります。いっぽう、熱烈なアリーの支持者は、アリー（とムハンマドの娘ファーティマ）の血統を正統カリフ（イマーム）と認める**シーア**派となりました。これに対して、シーア派でないムスリムを**スンニー**派といいます。

『クルアーン』の成立ち

ムハンマドに下された神の啓示『クルアーン（コーラン）』がいまの形に編纂されたのは、第三代のカリフ、ウスマーンの時代のこと。以後、誰の手も加えられていません。この点、仏教やキリスト教、ユダヤ教の聖典に比較しても、テキストの成立は信頼が置けます。

イスラム教の教義によると、アッラーの手元に原本『ウンム＝アルキターブ』（天の銘版）があり、それが大天使ジャブライールの手でアラビア語に翻訳されて、ムハンマドに読み聞かされました。ムハンマドは、霊感を感じると、毛布をかぶって意識を失い、神の啓示を口走ります。それを傍らで筆記して、もれなく集めたのが『クルアーン』です。『クルアーン』は一一四章からなり、配列は、啓示とほぼ逆の順番になっています。『クルアーン』の翻訳や解説は、聖典と認められないので、世界中のムスリムはアラビア語を学習し、アラビア語が彼らの共通語になりました。旧約聖書や新約聖書からの引用も豊富で、キリスト教やユダヤ教に対する論争的な部分もあります。

イスラム法とはなにか

人類普遍の法であるイスラム法に忠実に従った生活を送る。これが、ムスリムの基本です。イスラム法は聖典『クルアーン』を根本に、それ以外の法源にもとづいてイスラム法学者が構築したものです。その組み立ては、ユダヤ法とよく似ています。

イスラム法によると、人間の言動はすべて、イスラム法のなかに対応する判断（hukm）を持ちます。法判断は、該当する明文（法源）から直接・間接に導かれます。法源から法判断を導くのが法学の仕事です。

西欧には、人間が法律を作ってよい、という考え方があります。議会がまず立法を行ない、法律ができます。それを解釈・運用するのが法学者の仕事です。しかしイスラム教になると、法律は神が作ったもので、永遠不変です。その法律を発見するのが法学者です。法学者がいなければ、法律もないわけで、彼らの社会的な地位はきわめて高いのです。

イスラム法の法源

イスラム法の法源は、全部で一〇種類ありますが、大事なのは最初の四つです。

第一法源は、『クルアーン』。神の啓示がそのまま、人間との契約＝法になります。

第二法源は、**スンナ**（伝承）。使徒ムハンマドの行為・言葉が、今日まで伝承され、法源となっています。『クルアーン』で解決のつかないことの多くが、これで解決します。

第三法源は、**イジュマー**。新しい事態が生じて法判断に困る場合、イスラム世界のすぐれた法学者（ムジュタヒド）全員に手紙で呼びかけて、返事をもらい、その一致があれば以後、それが法源となってムスリム全体を拘束します。

第四法源は、**キヤース**。明文がなくて判断に困る場合、法学者が論理的な推論によって判断を下すことです。英米法の場合ですと、ある判事の判断は判例としてほかの判事を拘束できるのですが、イスラム法の場合、キヤースはほかの法学者を拘束しません。判例として法学者を拘束できるのは、ムハンマドの下した法判断だけです。

イスラム法の体系は、一〇〇〇年も前に成立しましたが、現代数学と同じ公理論的構成(axiomatic construction)をとっています。ローマ法の影響もあるようですが、形式的に完備した法によって、多民族・全人類規模の共同体をつくりあげたのは驚嘆に値します。

クルアーンとスンナ

『クルアーン』が法源として正当なのは、それが神からのものだからです。それは、①神でなければ不可能なほど完璧な作品だから、②『クルアーン』のなかに、もし疑うなら人間が作ってみよと挑発があるのに誰も作らなかったから、などで証明されます。『クルアーン』には、信条的規範（ムスリムが信ずべきこと）、倫理的規範（ムスリムが行なったほうがいいこと）、行為規範、の三種がありますが、行為規範のみが法規範です。

スンナとは、神の使徒（ムハンマド）から出た言葉・行為・承認です。スンナの伝承には、**イスナード**（伝承の鎖）がついており、その違いでスンナの信頼性に差が出ます。**ムタワーティル**のスンナ（大勢の人びとが使徒から伝え……現代に伝わったスンナ）が、もっとも信頼のおけるスンナです。スンナの例をあげるなら、

ウマル・イブヌ＝ル＝ハッタープの息子、アブー・アブドッ＝ラフマーン――アッラーよ彼ら両名を嘉したまえ――の権威による。彼は伝えている。「私はアッラーの御使――アッラーよ彼に祝福と平安を与えたまえ――がこう言われたのを聞いた。**イスラームは五つの〔柱〕の上に建てられている。つまり、アッラー以外に神はなく、ムハンマドがアッラーの使徒であると証言すること。ならびに礼拝を行ない、喜捨を払い、〔アッラーの〕家に巡礼し、ラマダーン月に断食することである。**」

この伝承は、アル＝ブハーリーとムスリムの二人が伝えている。～『四〇のハディース』

スンナを編纂した書物を、**ハディース**といいます。これは、預言者（ムハンマド）の伝承のことで、多くの法学者によってハディース集が編纂されました。

イジュマーとキヤース

第三法源のイジュマーとは、使徒没後のある時代に、すべての**ムジュタヒド**（イジュティハードを行なう資格のある法学者）が全員一致で示した判断のことです。後代の法学者は、これを覆すことはできません。ムジュタヒドは、『クルアーン』およびハディースに精通している人びとで、**イジュティハード**（法源から法判断を導く努力）を行なって、質問に回答します。

キヤースは、明文のない事件と明文のある事件を、明文に示された判断で結合することです。キヤースには、「基本」と「枝」があります。例をあげれば、基本＝ブドウ酒（飲んではいけない）、枝＝ナツメヤシ酒、があった場合、その禁止の理由（酔っぱらうからいけない）をあいだに挟めば、ナツメヤシ酒（アルコールを含む）も飲んではいけないと結論できます。これがキヤースです。一種の三段論法のようなものと言えましょう。キヤースは正当な法判断ですが、ある法学者の下したキヤースが判例として、他の法学者を拘束するとは考えません。すべての法学者は、みな自分の理性（キヤース）に従うべきだからです。

四大法学派

イスラム法の体系が今日のかたちになるまで、いくつかの段階がありました。①ムハンマドの存命中（**使徒の時代**）は、法規範は神と使徒の判断、法源はクルアーンとスンナのみ。

つぎに、②**教友の時代**は、法規範は①＋教友（ムハンマドの友人）たちの**ファトワー**（文書で提出される意見）と裁決、法源は①＋教友たちのイジュティハード。教友たちも死に絶え、③**後続者たちの時代**となって、法規範は②＋ムジュタヒドたちのファトワーや裁決、法源は②＋指導的ムジュタヒドたちのイジュティハード、ということになります。

イスラムの法理論を確立するのにもっとも貢献したのは、**イマーム・シャーフィー**という学者で、ヒジュラ暦二〇四（西暦八二〇）年の没。そののちもハディースの収集や法体系の整備が続けられ、ハナーフィー派、マリーキー派、シャーフィー派、ハンバリー派の**四大法学派**に分かれました。そのほかに、シーア・一二イマーム派もあります。ムスリムはこれらどれかの法学派に属することになっていて（国や地域ごとにだいたい学派が決まっている）、裁判でもそれぞれの学派ごとに異なった法が適用されます。

四大法学派も、いくつもの派に分かれています。ハンバリー派の流れをくむワッハーブ派は、一八世紀のアブドル＝ワッハーブが創始した学派で、サウディアラビアで有力であり、飲酒の禁止、イスラム法の厳格な適用など、保守的な主張で知られています。

イラン・イスラム革命

イランのパーレビ国王は、欧米型の急速な近代化・産業化を進めていました。そのためホメイニ師をはじめとするイスラムの法学者（法学者は、世俗の職業ですから、イスラム僧ではありません）を弾圧したので、彼ら法学者の指導によるイラン・イスラム革命（一九七九）が起こりました。彼らの主張をひとくちで言うなら、「よくも西欧風の近代化をして、イスラム教の原則を台なしにしてくれたな」というものです。イスラムの原則に忠実な**イスラム原理主義**が、過激なテロと結びつくのではと欧米社会は恐れています。

⚜なぜ、合理的なイスラム教が世界のスタンダードにならなかったのでしょう。

イスラム教は、みればみるほど合理的で体系的で、よくできています。キリスト教やユダヤ教よりも、完全であるとみえてしまいます。それがスタンダードにならなかったのは、一般に、もっとも優れた規格がいちばん普及するとは限らない、という現象があることによると考えられます（たとえばベータマックスやマッキントッシュ）。第二に、どんな合理的な体系も、いくつかの非合理な前提から出発します（イスラム教の場合には、礼拝や食物規制など）。ヨーロッパにはキリスト教が先に広まりましたから、それが不自然で受け容れがたく思えたとしても当然です。第三の考え方としては、これから地球大に広まって、世界のスタンダードになるところだというもの。ムスリムはそう考えているでしょう。

参考文献

アブドル＝ワッハーブ・ハッラーフ『イスラムの法——法源と理論』東京大学出版会　一九八四
中村廣次郎編『講座イスラム（全四冊）』筑摩書房　一九八五

嶋田襄平『イスラム教史』（世界宗教史叢書5）山川出版社　一九七八
牧野信也訳『ハディース（上・中・下）』中央公論社　一九九三〜一九九四　→中公文庫　二〇〇一

column

死んだらどこへ行くのか

人間は、死んだらどうなるのか？　死後の世界のことを考えるのが宗教だと、日本人は思っているようです。

まったく見当外れ、でもありません。たしかに宗教は、死の問題を解決します。でも、世界の名だたる宗教は、それを「死後の世界など存在しない」という具合に解決するのです。

まずキリスト教。本文中でものべましたが、人間は最後の審判の日に、死者も全員復活して、裁きを受ける。そして、神の国に入るか、永遠の炎に焼かれるかが決まります。どちらも生きたまま行く場所で、死んだまま行くわけではありません。最後の審判の日まで、死者は墓地でねて待っている状態です。この期間を「モラトリアム（猶予期間）」といいます。

イスラム教もだいたい同じです。審判の結果、天国に行くか、地獄に行くかが決まります。

ユダヤ教は、復活を信じるのは少数派で、死ねば土くれになってしまうと考えます。死者などは存在しない。唯物論といってもよいでしょう。

これらの宗教は、要するに、いま生きているこの人生に集中すべきだ、それには神を信ずることだ、と言っています。神を信じれば、死後のことは考えなくていい……のが一神教です。

ヒンドゥー教はどうか。ヒンドゥー教は、このあとのべますが、輪廻を信じます。この点、仏教もまったく同じです。輪廻とは、死んでもまたこの世に生まれてしまうのですから、死後の世界などありえない。もしかしたら、この世（娑婆世界）ではなくて、天界や餓鬼道、地獄に生まれてしまうかもわかりませんが、そうした世界もこの世と並列して同時に存在しているわけで、「死後の世界」ではありません。あとで出てきますが、仏教（浄土宗）には、極楽往生の考えがあります。この往生も、輪廻の考え方の一種で、極楽にもう一回生まれるわけで、決して死後の世界ではない。

儒教はどうでしょうか。儒教は、徹底した現世中心主義なので、死後の世界の存在を否定はしないが、関心をもたない。ユダヤ教とよく似た感覚をもっています。儒教のかわりに道教が、死後の世界を詳しく描きます（地獄、閻魔、鬼……）。中国に伝わった仏教は、道教のイメージを借りて、地獄／極楽のストーリーをふくらませました。

復活や輪廻は、死後の世界など存在するはずがないという、強烈な合理主義の表現です。ユダヤ教や儒教（やマルクス主義）のような、現世中心主義・死後の世界に対する無関心も、合理主義の現れでしょう。

日本人は、復活や輪廻を信じてもいないし、現世中心主義に徹するほど合理的でもないので、なんとなく死後の世界があるような気がしている。未開社会にはよくあるタイプの感覚ですが、文明国にしては素朴すぎます。素朴でも別にいいと思いますが、宗教を信じる世界の人びとが、日本人と同じような感覚（死生観）をもっているだろうと勝手に思いこむのだけはやめましょう。

サンガの思想

講義6　初期仏教とはなにか

日本に仏教が伝来して一五〇〇年近くになりますが、この間、仏教はすっかり日本に土着化してしまいました。いまの日本の仏教から、オリジナルな仏教を推し量るのは危険です。ひとつ例をあげると、輪廻《りんね》 samsāra です。仏教は輪廻を前提にしており、輪廻を信じなければ仏教は理解できないのですが、日本人は信じていません。輪廻を信じるなら、祖先崇拝はありえません。仏壇に〝先祖の位牌を祀る〟のは、仏教でなく道教のやり方です。

キーワード　釈尊《しゃくそん》、三帰依《さんきえ》、サンガ、三蔵、戒、界、阿毘達磨《あびだつま》、阿羅漢《あらかん》

輪廻とカースト

輪廻はインド特有の考え方ですが、その起源はアーリア民族のインド征服にあると考えられます。紀元前二〇世紀～一〇世紀にかけて、もともとイラン高原にいたアーリア民族がインドに侵入、先住民族を征服しました。征服民族は**バラモン**、**クシャトリヤ**。被征服民族は**バイシャ**、**シュードラ**の**カースト**になったと言われます。カーストの特徴は、①全員がどれかに属し、②序列があり、③世襲で職業と結びついていることです。低いカーストの者は、

前世の行ないが悪かったが、来世では上のカーストに生まれかわれるかもしれない。輪廻を信じさえすれば、現世がどんなに悲惨で理不尽でも、それを合理化できます。

インドの古代宗教を**バラモン教***と言います。それが徐々に変化し、やがて**ヒンドゥー教**になりました。インド人の認識では、仏教はヒンドゥー教の一分派なのです。

❖輪廻は、古来インドに伝わる思想です。インドでは、生まれてから死ぬまでの生命体を、有限の完結したものとは考えず、もう少し大きな生命連関の中の一部ととらえます。この思想には、熱帯の自然環境が反映されています。熱帯では、生命がばたばた死ぬ。死んだと思ったら新しい生命がやたらに生まれる。しかも、そのサイクルが短い。生命循環が早いのです。有機物はすぐに腐って分解し、またすぐたわわに実る。輪廻は、この地に特有の生命サイクルから生まれてきた思想ではないでしょうか。

輪廻の考え方は仏教の基本で、どの経典にも書いてありますから、仏教と共に日本にも入ってきました。

輪廻での大問題は、「なにが」輪廻するのか、という点です。輪廻をひとことで言えば、「動物（植物を除く）が生命循環していること」。わかりやすい考え方に見えますけれど、

バラモン教：バラモン階級を中心に形成されたインドの民族宗教。四ベーダを根本聖典とする。祭祀主義を特徴とする。

「意識」という観点からみると、あるいは人間の個性はどうなるのかと考えると、とても難しい。もし輪廻を認めるなら、「私」は、前世において何ものかだった。でもその記憶がない。なんだったろうかと、いくら考えてもわからない。「私」が死んだら、また輪廻して別のものになる。いったいなにになるのか。誰がどうやってそれを突き止めるのか。「輪廻の中で修行する」といっても、この世界と前世と来世に連続性がなければ修行できない。連続性があるならば、それは意識の世界なのか、無意識の世界なのか。どう考えるにせよ、大変な飛躍と不合理がある。

このように、輪廻はまったくの抽象思想です。日本は生態系がまったく違うから、もともと伝統思考の中に輪廻の考え方がない。

日本人の場合、人間はどこからきたのか――どこからともなく来た、と考えています。もちろん自分は、親が産んだに決まっている。では、親はどこから来たのか。親の親が産んだ。「生まれる」のです。なにかもやもやしたものから、だんだん形になってきて、いつの間にか存在し始めると考える。そしてやがて死んでしまう。死んでもしばらく余韻が残る。肉体はなくなったが、なにかふわふわ残っているような気がする。それは人びとの記憶ですから、だんだんなくなって、最後に忘れられてゼロになってしまう。輪廻していません。生命のありようをモデルにすると、紡錘形です。一番太いところが、みんなに見えるかたちで完全な人間です。前はいつのまにか始まり、後ろは少し尾を引き、そのあたりに「祖先」とか「幽霊」と名前がついている。しかし、いずれ消えてしまう。これは、輪廻思想とは違います。日本に入ってきた仏教は、こうした死生観にあわせて変質しました。仏教のテーマは「輪廻からの解脱《げだつ》」、つまり輪廻に対するアンチテーゼです。では、カーストもなく輪廻が信じられてもいないところで、仏教の必要はあるのか――必要ない。これが、日本が仏教を受け容れる場合の最大の問題でした。

釈尊の生涯

シャカ族の王子**ゴータマ・シッダルタ**が仏教を開いたことは、よく知られています。しかしその生没年はあいまいで、紀元前五六五―四八四とか、紀元前四六四―三八三などの説があります。結婚して子供をもうけ、なに不自由ない暮らしでしたが、二九歳のとき城を出て出家し、苦行の末三五歳で覚りを開きます。以来八〇歳で没するまで、弟子たちに教えを説き続けました。**仏陀**（Buddha：覚った人）、**如来**（tathāgata：真理に達した人）などと呼ばれますが、漢語では**釈迦牟尼世尊**《しゃかむにせそん》（略して**釈尊**《しゃくそん》）が正式の呼び名です（牟尼は聖者、世尊 Bhagavat は尊い師の意）。

❦仏教の覚りは、二重の構造を持っています。仏教の覚りは、真理（輪廻の法則）を認識することです。けれど、仏教の覚りは他の覚りと違って、覚りの結果「解脱」する、という第二段階が付け加わっています。これがとても不思議で面白い点です。解脱者、覚者に

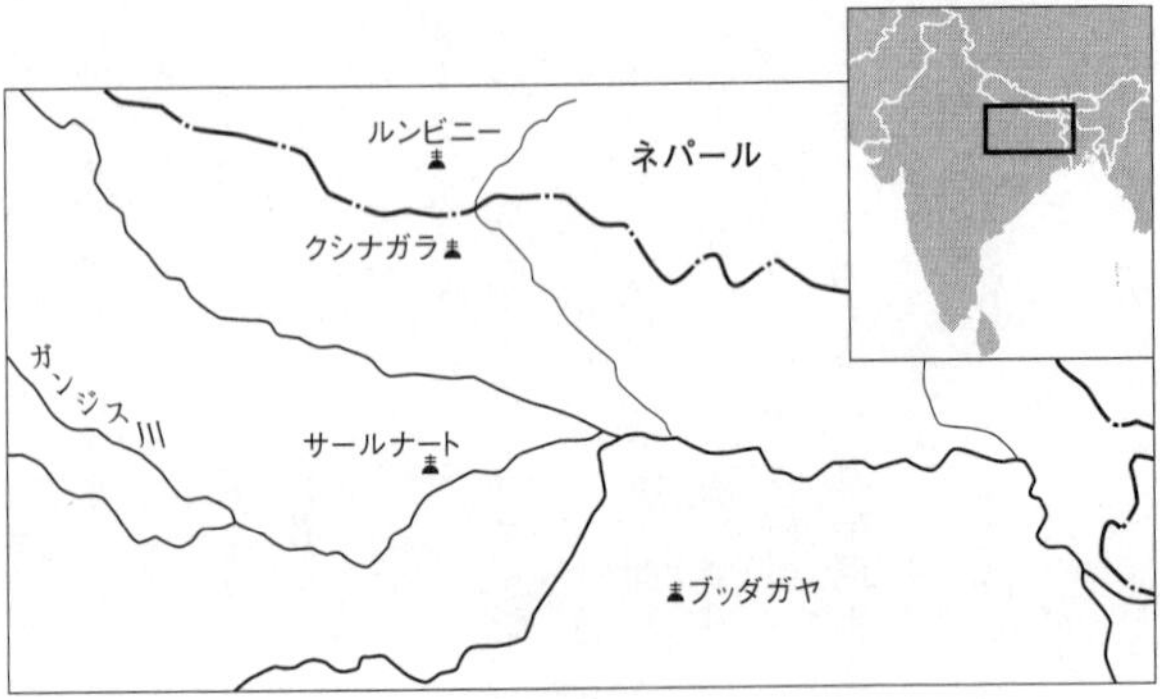

仏教の四大聖地

おいて、輪廻の法則は停止します。その人は、輪廻の法則の外に出て行ってしまうと、考えるわけです。「仏陀」とはこういう存在です。覚り＝解脱とはどういう状態なのか、覚ってみなければわかりません。ただ、少なくとも輪廻の法則の外にいるのなら、この世界の中に存在できないはずです。ということは、仏陀はこの世界の中に存在しない。釈尊は三五歳で覚って八〇歳で仏滅するまで四五年間この世界にいましたが、それは幻だったと理解する考え方も有力なのです。仏陀は、覚ったその瞬間に雲散霧消してもよかったわけですけれど、釈尊は自分の慈悲心、意志の力によって、わざわざこの世界で四五年間、人間としての形をとどめ人びとのために法を説いた。こう理解するわけです。

覚りは言ってみれば、人間の極限状態です。人間にとって最もすばらしい理想の状態、宇宙の真実の姿を体現し、この世において、およそ認識しうることをすべて認識した状態です。神とのコミュニケーションである「啓示」とは、本質的に違う。啓示は何回でも訪れ、神からの情報がその都度入ってきますが、覚りは一回だけの出来事なのです。

釈尊ゆかりの場所――生誕の地ルンビニー、菩提樹《ぼだいじゅ》の下で覚りを開いたブッダガヤ、初めての説法（初転法輪）をしたサールナート、入滅したクシナガラ――は四大聖地として祀られています。

当時インドでは、多くの修行者が新しい境地を開こうと修行していました。ジャイナ教*を開いたマハーヴィーラも釈尊の同時代人です。ジャイナ教は仏教とよく似ていますが、極端な苦行主義。それに対して仏教は「中道」を掲げます。さまざまな師につき、苦行をやりすぎてふらふらになった釈尊に、村娘のスジャータがヨーグルトを捧げると、その美味にひらめくものがあったのでした。仏教以外の教えを、仏教では**外道**《げどう》とよびます。

❦一神教では神が真理ですが、仏教における真理とはダルマ（法）です。ダルマは、そこにあるもの、宇宙の構成原理、宇宙の普遍法則で、永遠不変です。

ジャイナ教：仏教と並ぶ非バラモン教の宗教。開祖はマハーヴィーラ。厳しい戒律と苦行によって輪廻からの解脱を説く。

ダルマという概念は誰が作ったのか？　これは仏教固有のものではなく、インド人の常識、古くからインド人が信じていた概念です。仏教はバラモン教の流れをくむもので、ダルマという考え方は、バラモン教、ジャイナ教にも共通しています。釈尊もそれを前提にして思索を進めていったのでしょう。

輪廻の思想は、仏教において初めて成立したのではない。むしろ仏教が、初めて輪廻を否定したのです。否定したとは、「輪廻を乗り越える」というアイデアを打ち出したということです。仏教以前の人びとは輪廻を肯定し、世界の逃れようもないあるがままの姿だと考えていた。仏教は、そこからの差異化をはかったのです

初期仏教の思想

釈尊の教えは、きわめて理性的・合理的・実践的な性格のもので、三法印《さんぽういん》、

諸行無常《しょぎょうむじょう》：万物はつねに変化してやむところがない

諸法無我《しょほうむが》：すべてのものは**因縁《いんねん》**によって生じたもので実体がない

涅槃寂静《ねはんじゃくじょう》：迷いの火を吹き消せば心の平静が得られる

あるいは、これに、

一切皆苦《いっさいかいく》：この世の本質は苦悩・煩悩《ぼんのう》である

を加えた四法印を、中心思想とします。ここで因縁は、**縁起**ともいい、「これあるとき彼れ

あり、これ無きとき彼れなし」のような相依性《そうえしょう》（＝因果関係）をいいます。

仏教の修行は、この世の本質を苦とみて、現世の執着を離れること（＝**解脱**）を目的とします。**四諦**《したい》（＝四つの真理：四聖諦《ししょうたい》ともいう）、**八正道**《はっしょうどう》（八聖道ともいう）が、その方法論です。すなわち、この世の本質が四苦（生・老・病・死）、八苦（四苦＋愛別離苦《あいべつりく》〈大好きな人を失う〉、怨憎会苦《おんぞうえく》〈嫌な奴と一緒になる〉、求不得苦《ぐふとくく》〈欲しいものが手に入らない〉、五陰盛苦《ごおんじょうく》〈有情《うじょう》を形成している色・受・想・行・識の五陰から生じる心身の苦悩〉）から成り立っていることを理解する**苦諦**《くたい》、苦を集めおこすもの、すなわち苦の原因は煩悩（無知・欲望）であることを理解する**集諦**《じったい》、苦の生ずる順番を逆にたどってその原因をなくしていく**滅諦**《めったい》、以上を日常に実践する**道諦**《どうたい》の四つが、四諦。**正見**《しょうけん》、**正思**《しょうし》（正しい思惟）、**正語**《しょうご》、**正業**《しょうごう》（正しい行為）、**正命**《しょうめい》（正しい生活）、**正精進**《しょうしょうじん》（正しい努力）、**正念**《しょうねん》（正しい注意力）、**正定**《しょうじょう》（正しい精神統一）の八つが、八正道です。ここで「正しい」とは、両極を見きわめ、中道を実践することです。

⚜仏教ではこの世の本質は苦であるとしています。生命全体が苦しみであるという、極端なニヒリズムです。こうした考えが、正しい認識として広く支持された背景には何があるでしょうか？　ひとつには奴隷制。大多数の人びとが富を得られず、社会的にも経済的にも、自然の中でも苦しい状態におかれている。伝染病が多く、薬も治療法もないので悲惨な末期を迎える。こうした社会実態にもとづいています。

苦を苦のまま受け容れる。この世の本質が苦であるなら、それをそのまま認識するしかりません。それを徹底してとことん認識した途端に、苦は苦でなくなる。快楽になる。それを認識した人間は、この世の存在ではなくなっていくわけです。苦から離れる。解脱が唯一その道です。現象学の超越論的エポケーと少し近い。あるいは、精神病理学にいう離人症のようなものかもしれません。この世界のあまりの苦しさに現実感覚が変容していくのです。

インドは当時商業がとても盛んでした。商業は合理的な活動です。それと仏教の興隆は連動していた。これに対してヒンドゥー教はローカルで土俗的で、商業が盛んでなくなるとむしろ広まってくるともいわれています。

仏教サンガの成立

釈尊が覚りを開いたことを知って、ほかの出家者が彼のまわりに集まり、次第に仏教教団が形成されました。仏教の出家者の集団を、**サンガ**（**僧伽**）といいます。サンガは、平等・対等な出家者の共同体で、釈尊の息子ラーフラも出家しましたが特別扱いされませんでした。雨季になると雨安居《うあんご》といって一箇所に定住しますが、ふだんはあちらこちら**遊行**《ゆぎょう》しつつ、**乞食**《こつじき》生活をします。（肉食は禁じられておらず、出されたものは何でも食べます。ただし、出家者に食べさせるため、わざわざ動物を殺して料理するのは禁止です。）

◆修行は自発的に行なうものですが、修行の方法は釈尊の教えに従います。それが戒律です。（経も釈尊の教えです。経は、釈尊の教えを弟子が聞いたという前提になっています。）

サンガの修行法は「遊行乞食」です。サンガでは労働してはいけないので、三度の食事が自給できない。そこで在家の人にもらいます。これが「乞食」です。「遊行」というのは住所不定。モンスーンの雨季約三カ月間は、「雨安居」といって一箇所にとどまりますが、それ以外は歩き回る。これは、一つには情報交換、コミュニケーションのためです。もう一つは、一箇所に定住してその土地の在家の負担になるといけないので動いていく。さらには、特定の「今ここ」、時間的空間的な制約を離れる、現世への執着を離れる、ということと関係があるかもしれません。

修行は自発的ですが、方法は与えられる。どのような修行を重視するかは、経典が無数にありますから、かなり多様性があります。ただし、戒律は一通りです。

サンガには、現前サンガと四方サンガの区別があります。
現前サンガは、樹木や岩山などを目印に「**界 sima**」を結び、その区画にいる比丘《びく》たち全員で構成します。（男性の成年の出家者を比丘、女性を比丘尼《びくに》といいます。）界は、互いに重複してはいけません。現前サンガは、食事や布施物《ふせぶつ》を分配する単位になります。その全体会議を**羯磨**《かつま（こんま）》といい、比丘一〇名（最低でも五名）の参加が必要です。（Q：最初のサンガはどのように成立したのでしょう？）

羯磨には、月二回比丘たちが戒律違反を告白する布薩《ふさつ》羯磨、出家者の得度《とくど》（新しく比丘となること）を認める受戒《じゆかい》羯磨（和尚《おしよう》＝指導教授、阿闍梨《あじやり》＝チューターなど、やはり一〇名が参加）、界を設定する結界《けつかい》羯磨などがあります（界を結んだあと誰もいなくなる場合は、解いておきます）。

サンガの比丘たちは、法臘《ほうろう》（出家得度してからの年数）による区別があるだけで、全員平等。いつもメンバーの出入りがありますが、なにかを決めるにはその場（界）にいる人びとの全員一致（和合僧《わごうそう》）が原則です。

いっぽう**四方サンガ**とは、この地球上の過去現在未来の比丘たち全員をいいます。

サンガの戒律

サンガの比丘たちは、釈尊に与えられた**戒律**（sila；vinaya）を守りつつ、思い思いに修行します。戒のうち特に重大な、婬《いん》・盗・殺・妄（大妄語＝覚ったと嘘をつくこと）の四戒は、**波羅夷**《はらい》罪といって、サンガから永久追放になります。そのほか、僧残《そうざん》法、不定《ふじよう》法、捨堕法……と罰則は軽くなっていきます。これらの罰則はすべて自罰で、ほかの比丘はそれを見ているだけです。仏教の修行は、自発的に行なうのが原則なので、他人に強制されるのでは意味がないのです。出家をやめるのも自由で、ほかの比丘一人に聞こえるぐらい大きな声で「戒を捨てる」と宣言すれば、その瞬間に比丘でなくなります。重大な戒律違反をしそうなときは、そうやって戒を捨て、また得度しなおせばよいのです。

❀出家修行者には刑事罰は及びません。世俗法で僧侶を裁くのは禁止です。僧侶は自治権を持っていて、刑法の適用を受けないという保証を受けています。この建て前は中国や日本にも伝わりました。では、仏教の修行者が悪事をはたらいたらどうしたらいいか？　まず、還俗《げんぞく》させる。俗人になったら処罰していい。

出家というのは本来、本人の自発的行為ですが、中国を経て日本に入って来た仏教は国家仏教になり、出家すると税金が免除になる。そうすると、税金のがれの出家者が増える。政府は、勝手に出家する人を「私度僧《しどそう》」として禁止した。出家が国家の許可制なのです。とんでもないことですが、日本の仏教はそこから始まりました。

釈尊は、食事に招待されても、黙っていました。将来のことをうっかり約束して、行けなくなったら「正語」の原則に反するからです。もちろん、将来の予言などしません。

戒も**経**も、初期にはすべて口伝で伝えられました。仏滅後、何回か**結集**《けつじゅう》が行なわれ、記憶力のよい各地の出家者が一箇所に集まって経典を読誦し、誤りを修正したといいます。貝葉《ばいよう》片《へん》に鉄釘で字を書きつけ、経典を筆記したのは仏滅後何百年か後のことです。

❀結集の目的は、テキストを編纂することです。テキスト編纂の会議も全員一致でなければならないので、記憶にすぐれた比丘全員を集めたのです。これはなんとなく、キリスト教の公会議のようにも思えます。しかしキリスト教の公会議は、テキスト編纂のためではなくてテキストの解釈のためです。解釈は人間がやることで、当然バラバラになる。しかし、神の権威がなければ人びとの信仰や解釈をコントロールすることができない。そこで公会議を開いて論争し、その結果勝敗がつく。論争に破れたものは、異端、邪説として非公認になる。そうやってキリスト教の解釈を一致させていく議決（多数決）をする。

では仏教の場合、学説が違ったらどうするか。野放しでです。一致しないなら一致しないでいい。たくさんあっていい。規制しませんから無数に増える。だから経も増えたし、論も増えた。テキストの数もキリスト教と比較にならないくらい多い。

結集があって経典を読みあい、誤りを正す。結集は、口伝のためのものです。もし経典が書写されるようになれば、口伝の必要がなくなります。やがてそうなるのですが、はじめの数百年はすべて口伝だったのです。

仏教テキストの構成

仏教のテキストは、経、律、論の**三蔵**《さんぞう》に分かれます。

経とは、釈尊の説法をまとめたもの。ふつう「如是我聞《にょぜがもん》（かくの如く我聞けり）……」で始まる、弟子の責任でまとめた釈尊の講演録です。

❀経は釈尊の声が聞こえないと書けないから、最近はあまり書かれていません。しかし理屈から言うと誰にでも書けるのです。ダルマは宇宙に遍満《へんまん》しているわけですから、感度のいいアンテナを持っていて、法を聞いて言語化すれば、それは釈尊の声を聞いていることになります。

律とは、出家者の守るべき戒（比丘の二五〇戒、比丘尼の三四八戒）や集会規則をまとめた「波羅提木叉《はらだいもくしゃ》」のこと。釈尊が制定したもので、弟子が変更することはできません。

論とは、弟子が自由に述作した論文のこと。

❖経をもとに、仏弟子が個人的思索をまとめたものが論です。論の方が、元になる経よりも学問的レヴェルが高い場合もあります。

経や論にコメントすると「注」。「注」にコメントすると「疏《そ》」。中国ではそのようにテキストをランクづけしますが、仏教もそれとだいたい同じです。聖徳太子は、『法華義疏《ほっけぎそ》』、『勝鬘義疏《しょうまん》』など「疏」を書いています。『法華義疏』というのは、法華経の疏（コメント）という意味です。

仏法全般に通じた大学者のことを、三蔵法師と称します。

初期の経典の集成を、**阿含経**《あごんきょう》（āgama）といいます。ほかに、釈尊の臨終をテーマにした**大般涅槃経**《だいはつねはんぎょう》、釈尊の前生譚《たん》を集めた**本生経**《ほんじょうきょう》（ジャータカ）、ギリシャ人の王メナンドロスとナーガセーナ長老の対話、**ミリンダ王問経《もんぎょう》＊**などがあります。

仏典は、最初サンスクリット語で記され、これがシルクロードを通って中国に伝来し、漢訳されました（北伝）。日本に伝わった仏典は、みなこれです。

⚜サンスクリットで書かれたものが中国に入って翻訳された際、意味で訳したところの間に、音で置き換えた部分が混在しています。「陀羅尼《だらに》」とか「菩提僧莎訶《ぼじそわか》」とか「阿耨多羅《あのくたら》」とか、そういう意味のわからないところはサンスクリット語の音訳です。「観自在菩薩《かんじざいぼさつ》」などは、「菩薩」は音訳、「観自在」は意訳です。

いっぽう、パーリ語で記された仏典もあり、これはセイロン（スリランカ）↓ビルマ・タイに南伝しました。時代が下って、チベット語訳された仏典もあり、ラマ教の経典として残っています。大乗経典は、ほとんど南伝しませんでした。

部派仏教の成立

サンガは仏滅の約一〇〇年のち、まず上座部《じょうざぶ》と大衆部《だいしゅぶ》の二つに分裂します（**根本分裂**）。その後、それぞれが大小十部前後に枝末分裂して、**部派仏教** Nikaya-Buddhism（いわゆる小乗仏教）の時代になります。

ことの起こりは十事（二五〇戒で禁止されているがその通りに実行しにくい十の事項）の例外

を認めるか否かでした。大衆部は認める、上座部は認めないという立場です。厳格な上座部は、**説一切有部**《せついっさいうぶ》、正量部《しょうりょうぶ》、化地部《けじぶ》など、寛容な大衆部は一説部《いっせつぶ》、多聞部《たもんぶ》などに分かれます。上座部の仏教は、アショーカ王の王子マヒンダによってセイロンに伝わります。

部派仏教の時代には、盛んに**阿毘達磨**《あびだつま》 Abhidharma（＝法の研究）が作られました。これは、①仏説の蒐集、②分類整理、③語義解釈、④学説展開を内容とします。こうした注釈をする比丘を、阿毘達磨師（＝毘婆沙師《びばしゃし》）といいます。残念ながらこれら注解は、説一切有部（単に有部ともいう）のものを除いてほとんど伝わっていません。

有部からは仏滅後三〇〇年に迦多衍尼子《かたえんにし》（カーターヤーヤニープトラ）が出て、有部の教理を大成、『発智論《ほっちろん》』を著します。紀元二世紀には、『発智論』の研究書『阿毘達磨大毘婆沙論《あびだつまだいびばしゃろん》』（二〇〇巻）が成立します。紀元四〜五世紀には世親《せしん》*（Vasubandhu）が『倶舎論《ぐしゃろん》』を著します。

ミリンダ王問経：前二世紀頃、インドの仏教僧ナーガセーナが、西北インドを支配していたギリシャ王メナンドロス（ミリンダ）と討論、仏教に帰依させた経緯を対話形式でまとめたもの。仏教教義を四五ヶ条にわたって説き、三蔵外パーリ語経典として重要。

世親：ヴァスバンドゥの漢訳。天親《てんじん》ともいう。四〜五世紀の人。小乗、大乗の教理を研究し唯識論を大成した。『倶舎論』『唯識二十論』『摂大乗論』などを著す。

部派仏教の教理

今日、論蔵が完全に残っているのは、漢訳された有部と、セイロンに伝わった上座部のみです。上座部の論蔵は素朴で、阿含経から離れていません。いっぽう有部の教理は、複雑で思弁的な体系で、のちの大乗仏教に借用され、そのベースになりました。

説一切有部の学説は、「三世《さんぜ》実有《じつう》、法体恒有《ほったいごうう》」として知られています。これは簡単に言えば、現象は変化し続けるが、その変化を支配する法則そのものは不変の実体だ、という説です。他に依存しないで、それ自体で存在するものを、自性《じしょう》と言いますが、**ダルマ（法）**はまさにそれであり、極微《ごくみ》と言われる現象の究極の実体もそうです。たとえば、青い花瓶は壊れますが、花瓶の青さは粉にしてもなくなりません。その青さが極微です。

法には、有為《うい》法と無為《むい》法があります。有為法は自性を有しますが一刹那のみ現在に存在する、無住なる法にすぎません。それに対して無為法は、作られない法、常住の法（すなわち涅槃）です。

縁起の思想はさらに精緻化され、**十二縁起**の思想となります。これは、無明《むみょう》↓行《ぎょう》↓識《しき》↓名色《みょうしき》↓六入《ろくにゅう》↓触↓受↓愛↓取↓有↓生↓老死の順に、人間の苦悩・輪廻が生ずるとするもので、これを逆に解体していけば、輪廻が生じないことになります。

行為が後に残す力を業《ごう》（karma、カルマ）といいます。業には善業／悪業／無記業（善でも悪でもなく果報をもたらさない業）の三つがあります。善業を積むのが修行ですが、それが可能となるのは、仏教徒が戒体（戒を受けることで生じる防非止悪の力）を備えているからです。戒体は、目に見えない業（無表業）のひとつです。（ほかに防非止悪の力は、禅定《ぜんじょう》や覚りから生じます。）

☙仏教の歴史の中で、釈尊と同じようなレベルの覚りをひらいたと思われる人はいたのでしょうか？　これにはいろいろな立場があります。小乗では、「阿羅漢《あらかん》（羅漢）」というランクの修行者がたくさん出ました。彼らははじめ、釈尊と同じ覚りをひらいたと考えられていたようなのですが、あとで釈尊には遠く及ばないランクだとされていきます。大乗では、釈尊の境地の高さをもっと強調します。人間が修行の結果、仏陀となる確率はきわめてわずかである。そしてこの次にでてくる仏陀は、「弥勒菩薩《みろく》」で五六億七〇〇〇万年後と、時期も規定されてしまった。それまでは誰も成仏できない、つまり、「著しく困難」だというわけです。でも、不可能ではありません。

部派仏教の世界観

もうひとつ、部派仏教の多くに共通するのは、五趣（六趣）の輪廻の考え方です。すなわち、有情（＝人間＋動物＋神・天人）は**地獄・餓鬼・畜生**・（阿修羅・）**人間・天上**の六道《りくどう》を輪廻するという理論で、これら全体がひとつの世界です。こうした世界が千個集まって小千世界、小千世界が千個集まって中千世界、中千世界がさらに千個集まって**三千大千世界**となります。これが、仏陀一人の教化範囲とされます。

ある三千大千世界のなかに複数の仏陀が同時に存在することはできません。したがって別の仏陀が後から覚りをひらいたら、三千大千世界の外にワープして、新たな仏国土《ぶっこくど》を与えられることになります。

小乗の修行の段階も、**四向四果**《しこうしか》に整理されます。すなわち、見道（預流向《よるこう》）、修道（預流果、一来向《いちらいこう》、一来果、不還向《ふげんこう》、不還果、阿羅漢向）、無学道（阿羅漢果）の八つの段階です。阿羅漢は初め、釈尊の覚りと同等とみなされていましたが、次第に釈尊の覚りより劣るものと位置づけられて行きます。

言語ゲームとしての仏教

仏教徒であるためには、**三帰依**（＝我は仏・法・僧を敬したてまつる）を唱えること。（仏・法・僧を三宝《さんぼう》といいます。）そして、**五戒**（殺生《せっしょう》戒、偸盗《ちゅうとう》戒、邪淫《じゃいん》戒、妄語《もうご》戒、飲酒《おんじゅ》戒）を授かることです。

さらに、出家して修行にはげめば完全です。

それでは、修行の目的とはなんでしょうか？　覚りをひらいて解脱することです。では、覚りとはなにか。覚ったあとでないと、それはわからない。ということは、仏教の修行者たちはみな、覚りがなにか知らないまま修行を続け、仏教を成り立たせているのです。

これは不思議です。覚りがすばらしいから修行を続けるのではなく、修行を続けるから覚りがすばらしいことになる。これが「信じる」ことなのだと、考えてみることにします。

こう考えると、初期仏教を、左のような幾重かの**言語ゲーム**の複合として記述できそうです。（言語ゲーム language game とは、哲学者ヴィトゲンシュタインの言葉で、社会生活を成り立たせる行動様式のことです。）

①覚りを訊ねあうゲーム……解脱をめざして修行する人びとの言語ゲーム。
②釈尊を標本とする覚りのゲーム……釈尊が覚りをひらいたと前提する修行のゲーム。
③釈尊の言説を伝持するゲーム……釈尊の入滅後、その言説を釈尊の代わりとする。
④釈尊の戒を持するゲーム……③のゲームをする修行者たちの集合＝サンガを確定する。
⑤戒＝律違反を告白しあうゲーム……修行の自発性と、サンガの集団秩序とを調和する。

このように考えると、初期仏教～部派仏教時代の仏教は、きわめて巧妙な組織原理をもった運動だったことがわかります。

こうした組織原理をもつサンガ（出家者のギルド）のあり方は、日本に伝わりませんでした。これに照らすと、日本仏教の特殊なあり方も理解できるし、たとえばオウム教団の特殊なあり方も理解できるのです。言語ゲームと仏教についてもっと詳しいことは、私の『仏教の言説戦略』(勁草書房、一九八六)を参照して下さい。

❖修行によって、釈尊以外の人も覚れるのか。まず釈尊以前に覚った「過去仏」がいる。それから釈尊と無関係に覚った、「辟支仏《びゃくしぶつ》」がいる。だから、経をよんで修行することは、覚るための必要条件でも十分条件でもないのです。

ダルマはこの宇宙すべてを支配している根本法則で、輪廻の法則も含みます。まず、人間である自分がこの根本法則に支配されているという、ありのままの姿を実感しなければなりません。これが、覚るための「原因」になる。世界のあるがままをありありと認識することが原因となって、その結果、自分の存在が変容する。そしてこの法則を超越する仏陀というものになる。その手続きを踏み原因を作れば、誰であろうと仏陀になれるわけです。

覚りとは、人間が自力で世界のすべてを認識できるという確信があって、その努力を営々と続けるということです。それには、一神教の神は存在してはならない。なぜなら、神はこの世界の外側にいるからです。神が世界を「創る」のなら、世界がなくても神はいる。創られたものの中に神はいない。そんなことは、仏教はみとめない。世界を仏陀がすみずみまで認識したときには、その外にはなにもないはずです。

ということは、仏陀がみている世界と、キリスト教徒が被造物としてみているこの宇宙とは、違うものということになります。キリスト教徒にとっては、「その外に神がまだいる」。仏教徒にとって「その外にはなにもない」。純粋の虚無です。

仏教では、意志がとても大事です。この不退転の決意、強固な意志。自分の人生を貫くだけではなくて、輪廻を突き抜けなくてはならない。何度も繰り返し生まれ変わって永続していくこの修行を耐える——釈尊もそうしたのだと考えられています。

結論として言えることは、仏教がきわめて個人主義的な思想だということです。

それでは、こうした仏教がなぜ、日本では集団主義的（たとえば、宗旨は家単位で決まっている！）になってしまったのか？　講義8の中国と日本の仏教のところで解説します。

今回の講義の要点を整理すると、

1　覚りとはなにかといえば……

2　サンガとはなにかといえば……

参考文献

平川彰『インド 中国 日本 仏教通史』春秋社　一九七七

凝然大徳、鎌田茂雄注訳『八宗綱要』講談社学術文庫　一九八一

中村元『中村元選集』（全三二巻、別巻八）春秋社　一九八八〜一九九九

水野弘元監修、中村元、平川彰、玉城康四郎責任編集『新・仏典解題事典』春秋社　一九六六
平川彰『原始仏教の研究』春秋社　一九六四　↓『平川彰著作集』一一、一二巻　春秋社　二〇〇〇

講義7

大乗仏教とはなにか

菩薩・般若・極楽浄土

大乗の修行に励み、将来の成仏を約束された人びとを、**菩薩**《ぼさつ》（bodhisattva、ボーディサットヴァ）といいます。それに対して、小乗の出家修行者を**声聞**《しょうもん》といいます。

大乗仏教とは、何でしょうか？　大乗／小乗の区別を、日本人は一応知っています。しかし、日本には大乗仏教しか伝わらなかったために、その知識は公平でありません。

大乗とはMahāyāna、すなわち「大きな乗り物」の意味で、**小乗**Hīnayāna（小さな乗り物）に対立します。西暦紀元前後に現れた大乗教団の菩薩たちが、それ以前の部派仏教に与えた蔑称が「小乗」（＝自分の解脱だけを考え、衆生の覚りを配慮しない）です。大乗教（その経典には、般若系、浄土系、法華経、華厳系などがある）を広めた在家の修行者（菩薩）たちの実態は、あまりよく分かっていませんが、最初は仏塔《ぶっとう》（ストゥーパ）を拠点に活動していたようです。（後代には、大小兼学の出家集団も多くなります。）

キーワード　菩薩、仏塔信仰、般若波羅蜜《はんにゃはらみつ》、阿弥陀仏、法華経、曼荼羅

仏塔信仰と大乗仏教

部派仏教は、出家の功徳《くどく》を強調する結果、出家＞在家という序列を当然としました。在家の人びとは、面白くありません。そこで、僧（サンガ＝釈尊の流れをくむ出家集団）と別に、仏（釈尊の墓＝ストゥーパ）を信仰する動きが盛んになります。

出家者（サンガ）は、（葬儀などの）世俗の活動を禁じられていますから、釈尊の葬儀は在家の信者が行ないました。そして、サンガと関係なしに遺骨（**仏舎利**《ぶっしゃり》）を埋葬して、ストゥーパ（仏塔）を建てました。（日本で墓のまわりに立てる**卒塔婆**《そとば》は、その由来を汲むものです。）仏舎利は分骨され、インド各地の仏塔に埋められたほか、中国から日本にも伝わって、五重の塔の下に埋まってい（ることになってい）ます。インドで仏塔を管理したのは在家の人びとでした。仏塔にも布施が集まるので、仏塔を根拠地にする修行者が現れ、彼らが在家修行の重要性を強調した。――これが、平川彰博士の唱えた**大乗教＝仏塔信仰起源説**です。

❖日本で仏教といえば、すぐお寺を思いうかべ、仏塔（五重塔、三重塔、多宝塔……）、金堂、鐘楼などをイメージします。こうした伽藍《がらん》の配置は、中国で完成してそれが日本に入ってきたもので、インドではお寺にあたるものはありません。

インドでも、出家修行者はまとまって住んでいました。もともとはホームレス同然に遊行する者ばかりだったのですが、金持ちの在家信徒が宿舎をプレゼントし、そこで暮らすようになります。祇園精舎《ぎおんしょうじゃ》（僧房）です。

仏塔は、これと無関係に在家の信者があちこちに建て、信仰を集めていました。仏教と関係ない聖者のストゥーパもあったようです。仏像は、ガンダーラ地方にいたギリシャ人が仏教に改宗した頃から盛んに造られはじめ、崖をくりぬいて大きな仏像が造られたりもしました。これらが中国に伝わって、本尊を安置する金堂（本堂）、仏塔、講堂、僧房、回廊、山門などがセットになったお寺になりました。

歴劫成仏――在家修行の強調

出家修行者の集団（サンガ）は、釈尊自身が開いたものですから、在家修行の優越性を主張するには工夫が必要です。そこで菩薩たちは、釈尊が成仏した原因をこう解釈しました。釈尊が覚りを開くまで出家者として修行したのはたった六年間だったが、実はそれ以前に長い修行のプロセスがあった。仏陀の前生譚《ぜんしょうたん》（ジャータカ）伝説を利用して、発願《ほつがん》してから三《さん》阿《あ》僧祇《そうぎ》劫《ごう》百劫（≒一〇の五九乗）年の修行があったと主張します。その大部分は出家者でなかったから、在家の修行こそが成仏の決め手だ、というのです。この考え方を**歴劫成仏**《りゃくこうじょうぶつ》（とてつもなく長期間の修行の結果、成仏すること）といいます。（密教の**即身**《そくしん》**成仏**はこの考え方をもう一回裏返しにしたものです。）

それでは大乗の菩薩たちは、どんな修行をしたのでしょうか？　彼らは自分たちを**凡夫**《ぼんぷ》**の菩薩**と位置づけ、文殊《もんじゅ》、観音、弥勒《みろく》といった大菩薩を模範と仰ぎます。小乗の涅槃《ねはん》は灰身滅《けしんめっ》智《ち》（死んだ仏陀は雲散霧消する）ですが、大乗は不住《ふじゅう》涅槃を説き、大菩薩は仏陀と等しい境地

サーンチーの第三ストゥーパ（インド）（写真：PPS）

崖をくりぬいて造られた巨大な仏像（中国・炳霊寺）（写真：PPS）

に達しながら、衆生済度《しゅじょうさいど》（人民を救うこと）のため涅槃に入らないで活動を続けると考えます。菩薩の修行は、布施（財物を施す）・持戒《じかい》（大乗戒を守る）・忍辱《にんにく》（苦難を忍ぶ）・精進《しょうじん》（勇敢に覚りをめざす）・禅定《ぜんじょう》・智慧（＝般若）の**六波羅蜜**《ろくはらみつ》を基本とします。波羅蜜は「完成」の意味なので、**般若**《はんにゃ》**波羅蜜**は「智慧の完成」（後述する「空の思想」を指す）という意味になります。

❦釈尊は、あとで在家の仏道修行者（菩薩）たちがあらわれて大乗仏教をおこす、などと考えていませんでしたから、彼らのための戒律をのこしませんでした。戒律といえばみな小乗戒（サンガで出家修行をする声聞のための戒律）です。在家の人びとは、出家者からわずか五つの戒を授かるだけ、という扱いです。ここが菩薩たちにとっては、泣きどころになります。六波羅蜜の考え方は、そんな大乗の修行者たちが苦労して考えだしたものですが、律蔵の中に戒本という形で書いてあるわけではなく、大乗経典のあちこちに書かれています。

初期大乗の経典

西暦紀元前後から千年近くにわたって、インドで数多くの大乗経典が編まれました。そのうちかなりのものはシルクロードを経て中国へ伝わり、漢訳されました。そうしたなかでは、**般若経**のグループ、特に『小品《しょうぼん》般若経』『大品《だいぼん》般若経』がいちばん古く、それに『金剛《こんごう》般若経』『**般若心経**』『理趣《りしゅ》経』などが続き、これらはのちに『大般若経』六百巻にまとまりました。ほかに、『維摩《ゆいま》経』（在家の維摩居士《こじ》が小乗の出家者を言い負かす）、『勝鬘《しょうまん》経』『阿閦《あしゅく》仏国経』『**華厳経**』『**法華経**』、**浄土三部経**（『無量寿《むりょうじゅ》経』『観無量寿経』『阿弥陀《あみだ》経』）などが重要です。

❖大乗仏教の経典が、釈尊の没後数百年もたってから、だんだんに作られるようになった後世のものであることは、いろいろな証拠から明らかで、仏教学の常識です。これを大乗非仏説（大乗の経典は、釈尊がのべたものではない）といいます。キリスト教に置きかえて言えば、聖書が神の言葉でなかった、というようなことですから、大事件です。日本に伝わったのは、大部分が大乗の経典でしたが、それらはすべて仏説（釈尊ひとりがのべたもの）だと信じられてきました。

明治維新になって、イギリスなどの仏教学の最近の成果が日本にも伝えられたのですが、仏教界の動きは鈍く、信仰の立場からこの問題をどう考えるかという議論がほとんど出ていません。生きた信仰、生きた思想としての仏教は、瀕死の状態のようです。

般若教団（中観派）の教理

大乗仏教の大成者に、龍樹《りゅうじゅ》（Nāgārjuna、ナーガールジュナ）がいます。彼は二〜三世紀ごろ、南インドの出身で、『中論』（空観《くうがん》の書）、『大智度《ちど》論』（大品般若経の注釈）、『十住毘婆《じゅうじゅうびば》沙《しゃ》論』（十地経《じゅうじきょう》の注釈）などを書きました。**空観**とは、あらゆる事物（一切諸法）が空であり固定的な実体をもたないと観じる思想です。これは、説一切有部《せついっさいうぶ》の法有（現象は一切実体を持たないが、その法則性そのものは不変の実体である）の立場のさらに上を行くものです。**空 sunya** は無と違い、「有でもなく、無でもない」のですが、一切を空とみる空観によれば、「本来が空である煩悩を断滅すること（つまり、覚り）もありえない」という極端な主張になります。覚りたい、仏陀に成りたいと考えているうちはダメだ、というわけです（『般若心経』にもそう書いてあります）。仏陀を、極限的な到達点ではなく、そこに至るプロセス全体（菩薩行）として再定義し、（完全な出家でもない、かと言って完全な在家でもないまま）能動的な修行態度を獲得するのが、般若教団のテーマです。大乗の教えはすべて、この空観を踏まえています。

般若経典の語法は独特で、対立する両方を否定します（自分の立場をポジティヴに述べません）。八不《はっぷ》（不生不滅、不常不断、不一不異、不来不去）がそれです。

❦「空」はとても理解しにくい考え方ですが、しかし、大乗仏教の中心思想になっています。私が読んだなかで「空」についていちばん科学的で明快な説明を与えているのは、中村元《はじめ》＊博士の『ナーガールジュナ』でした。これは、ナーガールジュナが空を論じた『中論』という書物のサンスクリット原典の翻訳・解説が中心になっています。

内容を嚙みくだいて言うと、言葉や観念にこだわりすぎると、世界のありのままの姿はつかめない、という主張です。たとえば「現在」と言った途端にそれは過去のものになり、かわりに未来がやってきます。われわれは「現在」「過去」「未来」という言葉を使いますが、ほんとうの時間は現在・過去・未来が浸透し合ったもので、もしも切り離されるならどれも実在しません。同じように、おそらく「自分」「他者」を切り離して理解しようとすれば、内容が乏しくなってしまうでしょうし、「覚り」「迷い」を切り離してそれぞれ実体化してしまうのも、実際のあり方とはずれている。迷いのうちにありながらも覚りの要素が浸透している、だから修行が可能になっている。言葉やそれの表す区別、観念を、捨ててしまえというのではないのですが、それを固定化・実体化することなく、その向こうにある世界のあるがままの姿のほうをむしろ大事にしよう（だから、それを言葉で表現する場合には、矛盾したり、逆説になったり、非合理になったりする）。——という考え方であるように、私は受けとめています。

多くの仏陀たち

バラモン・ヒンドゥー教から見れば、釈尊は、数ある神々・覚者たちの一人にすぎません。

中村元（一九一二—一九九九）：現代日本を代表するインド哲学者、仏教学者。インド哲学諸派、論理学、ヒンドゥー教、また仏教研究においては釈尊の思想的研究、原始仏教から大乗仏教諸思想を幅広く研究し、宗教・思想と社会・政治・経済、中国・日本の思想についても多くの業績がある。『中村元選集』三二巻別巻八がある。

そうした見方は仏教にも徐々に浸透し、釈尊以外の仏陀がいた（いる）という考えとなります。まず、仏伝文学のなかの**燃燈仏**《ねんとうぶつ》。釈尊は修行の途中でこの仏に会い、将来の成仏を約束されます。

❀これを「授記《じゅき》」といいます。授記は予言とは異なり、仏陀が、この先こうなるだろうと教えてくれることです。仏陀は一切知ですから、すべてのことを知っている。仏陀の到達した認識の最高状態にとっては、もう「時間」は存在しない。すべてを認識していれば、もうなにもおこらない。「今ここ」という制約を超越しているわけです。その仏陀が、あなたは成仏することになっていると言ってくれるのですから、一〇〇パーセント確実。これは心強い。

釈尊は燃燈仏に照らされて以後、修行の道を歩いたというのです。燃燈仏は過去仏ですが、それ以外にもほかの仏陀がつけ加えられ、やがて**過去七仏**が信仰されるようになりました。いっぽう、仏陀は広大な三千大千世界を教化範囲とするという考え方でしたから、釈尊のほかに仏陀がいま現存する（現在他仏）という発想には抵抗がありました。

最初に現在他仏を唱えたのは、小乗・大衆部の**十方世界一仏多仏論**と言われます。（他の部派はこれを、非仏説（インチキ）だと攻撃しました。）三千大千世界がいくつもあり、それぞれに仏陀がいるというのです。大乗はこれを受け、東方・妙喜国《みょうきこく》には阿閦仏《あしゅくぶつ》が、西方・極楽には阿弥陀仏が住する、などの信仰をうみ出しました。十方の仏陀を観ずる『般舟三昧経《はんじゅざんまい》』が行なわれ、それぞれの仏陀の仏塔や仏像も造られました。

浄土教団と阿弥陀信仰

阿弥陀仏は、Amitabha（無量光）、Amitayus（無量寿《むりょうじゅ》）の音訳で、〝寿命無限の光り輝く仏陀〟という意味です。今日の研究によると、その実体はイラン（インドの西方！）に広まっていた拝火教《ゾロアスター》の神（アフラマズダ）で、それが仏教化したものです（ですから浄土宗は、仏教のなかでも一神教に近いのです）。

　また**極楽**は、チグリス川河口に実在した小島と言われます。極楽はのちに、浄土でもあると考えられるようになります。

　阿弥陀信仰は、阿弥陀仏の仏国土（＝極楽）に往生（＝転生）して、そこで成仏しようというものです。ごく初期の『大阿弥陀経』（『無量寿経』の呉訳本）では、①六波羅蜜の修行者、②仏塔信仰者、③念仏を唱える者、が極楽往生するとされますが、のちの経典では①、②が除かれ、③だけ（念仏が極楽往生の必要条件）になります。

　浄土経典によれば、阿弥陀仏の前身・**法蔵《ほうぞう》菩薩**はその昔、世《せ》自《じ》在《ざい》王《おう》如来に対して四八の誓願をしました。その第二二願に「われ仏となるとき、他方の仏土の諸々の菩薩衆、わが国に来生せば……必ず**一生補処《いっしょうふしょ》**（つぎに生まれるときは成仏できる修行ランク）に至らしめん」とあります。そのあと成仏し、阿弥陀仏となったのですから、約束どおり極楽に往生すれば、歴劫の修行など必要なく、来世には成仏が保証されるというわけです。極楽は、宝石の樹が生え、妙なる音楽が流れ、修行には最適の場所とされます。阿弥陀仏の寿命が尽きたあとを、**観音菩薩**→**勢至《せいし》菩薩**と継ぐことになっており、この二つを本尊とあわせて**阿弥陀三尊**と呼びます。

❦阿弥陀仏がもともとインド仏教起源でなく、イランのゾロアスター教の神であった、という有力な説があるのを知って、私はびっくりするのと同時に、なるほどと納得するところが多くありました。釈迦仏のかわりに阿弥陀仏を信仰し、極楽浄土への往生をひたすら願う浄土教は、仏教としては奇妙な構造をもっています。そのことは、阿弥陀仏が本来は一神教的な神であったと考えると、すんなり腑に落ちます。

ゾロアスター教は、善＝光の神アフラマズダと、悪＝闇の神アハリマンの闘いがこの世界だとする二神論で、最後には善＝光の神が勝利するというものですが、一神教とよく似た構成です。そして、ユダヤ教、ひいてはキリスト教に影響を与えたことも知られています。このような考え方が、東はインドへ伝わって大乗仏教の阿弥陀仏信仰となり、西はキリスト教になったと考えると、ほぼ同時期に起こった日本の浄土真宗（一向一揆*）とドイツの宗教改革（農民戦争）は、いわば兄弟同士であることになります。

阿弥陀仏信仰が、一神教の変形したものであると考えると、浄土宗で自力《じりき》本願／他力《たりき》本願の論争が起こった必然がわかります。仏教は本来、めいめいの修行によって成仏するのですから、自力本願に決まっています。いっぽう一神教では、神は万能ですから、人間の信仰は他力本願でしかありえません。阿弥陀仏の場合、極楽ではおそらく万能でしょうが、しかしそこは、われわれのいるこの世界ではない。この世界では少なくとも、阿弥陀仏は万能ではないのです。そこで、人間がこの世界から極楽に「往生」するのは、われわれの主体的努力（自力）によるか、あるいは阿弥陀仏の能力（他力）によるのか、どちらとも言えずに論争になったわけです。浄土真宗は他力本願の説に立っていますが、それでも論理的に考えて、誰もが必ず往生できることの証明はできていないと思います。

法華経と法華教団

法華経（妙法蓮華経）は、〝白蓮のごとく正しい教え〟という意味で、鳩摩羅什《くまらじゅう》*の漢訳が有名です。全部で二七（羅什訳は二八）品《ほん》（＝章）あり、いくつかの段階をへて、紀元前後に

一向一揆：一五世紀中頃から約一世紀にわたって活発化した真宗本願寺門徒による一揆運動。

鳩摩羅什（三四四―四一三）：クマラジーバの音写。インド人を父に持つ西域の僧。幼時から仏教の研鑽に努め、四〇一年長安に迎えられる。多くの外国語に通じていたため経典漢訳に従事。『大品般若経』『大智度論』『維摩経』など、多くの仏典を漢訳している。また三論宗の祖とも言われる。

徐々に完成しました。この経典を伝持していた教団は、仏塔信仰を重視し、他の教団と厳しい対立関係にあり、経巻をも信仰の対象とした点が特徴です。声聞《しょうもん》・縁覚《えんがく》・菩薩の三乗はそのまま一仏乗であるとする**会三帰一**《えさんきいつ》（開三顕一）の思想、釈尊は永遠の昔に成仏し今も霊《りょう》鷲山《じゅせん》に住するという**久遠実成仏**《くおんじつじょうぶつ》の信仰を説きます。

法華経の前半を迹門《しゃくもん》といい、第三・譬喩品《ひゆほん》（他の経典は方便で、法華経が本物であるという「火宅の譬」）、第十一・見宝塔品《けんほうとうぼん》（多宝如来が出現する）、第十二・提婆品《だいばほん》（悪人・女人成仏を説く）などを含みます。後半を本門といい、第十五・従地涌出品《じゅうじゆしゅつほん》（大勢の菩薩が現れる）、第十六・如来寿量品《にょらいじゅりょうほん》などを含みます。

法華経の久遠実成仏の考え方は、浄土教の阿弥陀仏など現在他仏の存在を強く意識して説かれているように思います。阿弥陀仏は今この瞬間にも、極楽に住して、多くの衆生を救おうと努力しているのに、釈迦仏は入滅してしまって影も形もない、というのでは迫力がない。そこで、釈尊についての解釈を改め、釈迦仏は大昔に、実は覚りを開いていた、そして人びとに仏法を広めるためにわざわざ釈尊（＝ゴータマ・シッダルタ）をつかわして、成仏とはこういうものだと、人びとのためにパフォーマンスしてみせた、とするわけです。

このようであるとすると、釈迦仏は二重の存在になり、キリスト教の父なる神（＝久遠実成仏）／イエス＝キリスト（＝釈尊）の関係に似てきます。法華教は、浄土教とまた別なふうに、一神教と通じるところがあると言えます。それゆえ、法華宗と浄土真宗が日本で大きな力を持ったことは、日本の近代化を準備した要因として注目できましょう。

華厳経と華厳教団

『華厳経』は、単独だった経典を四世紀ごろ、中央アジアで編纂したもの。そのテーマは、多様に展開した大乗の諸仏・思想を、どのように統合するかであると言えます。初期の華厳思想を表現した『十地経』（のちに第二十二・十地品）は、十の数を重視し、菩薩の修行段階を十地に分けます（但菩薩道《たんぼさつどう》）。

華厳経は、黙坐する**毘盧遮那**《びるしゃな》 Vairocana 仏（＝釈尊）の面前で、普賢《ふげん》、文殊などの菩薩が説法するかたちで進みます。彼らは無限の過去時に一切智性《いっさいちしょう》を求めて永遠の行を踏み出したもので、彼らが**獅子奮迅**《ししふんじん》（外道や他の二乗に勝る、の意味）三昧に入ると、宇宙の実相が**蓮**《れん》**華蔵荘厳世界**《げぞうしょうごんせかい》として顕れ、無数の菩薩が修行を続けている様が明らかになります。この世界は、法身《ほっしん》毘盧遮那仏（宇宙大の巨大な仏陀の身体）にほかなりません。（だから華厳宗では、大仏を造ります。）

普賢行《ふげんぎょう》（無量劫の修行）が、すべての菩薩の歩む道です。そのコースを、**善財童子**も歩み始めます。彼は**文殊菩薩**に触発されて、求法《ぐほう》遍歴を開始し、五三人の善知識を訪ねます。**弥勒菩薩**のもとでは、菩薩たちの衆生利益《しゅじょうりやく》（ボランティア活動）の様子を観じます。最後に文殊菩薩は、行により普賢法界《ほっかい》に入るべきことを教えます。華厳の思想はあくまでも、三劫成仏・歴劫成仏を主張します。

⚜華厳経は、大乗仏教も後期のもので、さまざまな仏陀の関係を整理した、体系的かつ難解な経典です。華厳経を中心とする華厳宗は、中国で高い権威を与えられ、国家の政策目的に奉仕する「鎮護国家の思想」を生みました。これが日本にも伝わり、聖武天皇のもとで国分寺のシステムとして全国的に展開されました（後述）。

曼荼羅と三身説

華厳教団は**曼荼羅**《まんだら》も重視します。曼荼羅とは〝すべての要素がひとつも欠けることなく具足した総体〟、すなわちこの世界の実相を意味します。華厳経では、一種リアリティの逆転が起こっており、従来なら「現実世界のなかで、成仏をめざして修行を続ける」と考えていたところを、「修行を続けるからこそ、現実世界がこのように現れてくる」と考えます。すべては仏性の顕現なのです。華厳の教えによれば、空《くう》とは、「世界が、一人の人間の主体的条件（信・願・行）により、幻のように顕現し、維持されること」となります。報身《ほうじん》・法《ほっ》身《しん》・応身《おうじん》の、仏の**三身説**《さんじんせつ》も、華厳の思想です。報身は覚りの結果この世に出現した仏陀の具体的なかたちのこと。成仏した人間は報身として、仏国土を与えられます。法身は、法そのもの。応身は、衆生の求めに応じて現れる仏陀のかたちで、法（経）のなかで説かれているものです。

曼荼羅が、すべての要素が相互連関しあった全体を意味するのだとすると、現在われわれの言う「システム」とだいたい同じようなものと考えることができます。問題は、なにが「すべての要素」でなにが「全体」かということです。現実世界のすべてを華厳経のやり方で説明しようとすると、現実世界の中の非仏教的要素（たとえば、ヒンドゥー教の要素）も採りこまなければならなくなります。華厳経は、仏教のヒンドゥー教化に道を開く、きわどい論理を含んでいると言えます。

密教の世界――胎蔵界と金剛界

密教は、ヒンドゥー教化した仏教で、『大日経』（七世紀半ば西インドで成立）、『金剛頂経』（七世紀末成立）が主要な経典です。密教のテーマは、「修行を続けるから仏陀となる」という仏教の基本テーゼを、「仏陀であるから修行が続けられる」と逆転することです。仏陀ですからもう修行は必要なく、自分が仏陀であると確信すればよいことになります。

『**大日経**』は、中尊：大日如来（＝毘《び》盧《る》遮《しゃ》那《な》仏《ぶつ》）を中心とする**胎蔵界**《たいぞうかい》**曼荼羅**として世界をとらえます。毘盧遮那は説法して、初発心から覚りに至り、毘盧遮那仏としての報身を得たこと、智慧（般若）を完成させたあと、慈悲を発揮して、加持《かじ》（神秘的な呪術力）・神変を発揮していることを説法します。大日経の修行は、一尊瑜伽《いっそんゆが》、すなわち、曼荼羅の中の一尊を三密（身・口・意の三業の働き）加持で模倣することで、その一尊と自己とを瑜伽することです。この段階ではまだ、即身成仏は否定されています。修行を続ける励みとして、覚りの境地をちょっと予告篇的に体験するというのが、一尊瑜伽の趣旨です。

いっぽう『**金剛頂経**』は、即身成仏を主張します。「オウム、一切の如来たちがある如くに我はあり」と仏身円満の真言《しんごん》（呪文）を唱え、三昧《さんま》耶《や》印（手）・法印《ほういん》（真言）・羯摩印を結ぶと、〝象徴されるものと象徴それ自体とは同一である〟という密教の宇宙方程式によって、即身成仏が果たされます。金剛頂経の**金剛界曼荼羅**は、中尊：毘盧遮那を中央に、一切如来（阿閦《あしゅく》、宝頂、阿弥陀、不空成就《ふくうじょうじゅ》、ほか）を周囲に配したものです。

密教は、仏教の最新ヴァージョンとして中国に伝わり、空海がそれを日本に伝えて真言宗を開きました。

❦密教は、釈尊の唱えた合理主義的な仏教とは対極の、非合理的・神秘主義的な仏教です。仏教というよりも、ヒンドゥー教だといったほうがよいかも知れません。

ヒンドゥー教は、世界でも重要な宗教のひとつです。しかし奇妙なことに、日本では仏教についての関心があるのに、ヒンドゥー教への関心は驚くほど低く、きちんとした研究もほとんどありません。そういうわけで残念ながら、本書でも章を立てて紹介するのは見あわせました。

オウム真理教が、高級幹部には許されると称していたポア（殺人）は、金剛乗（ヴァジ

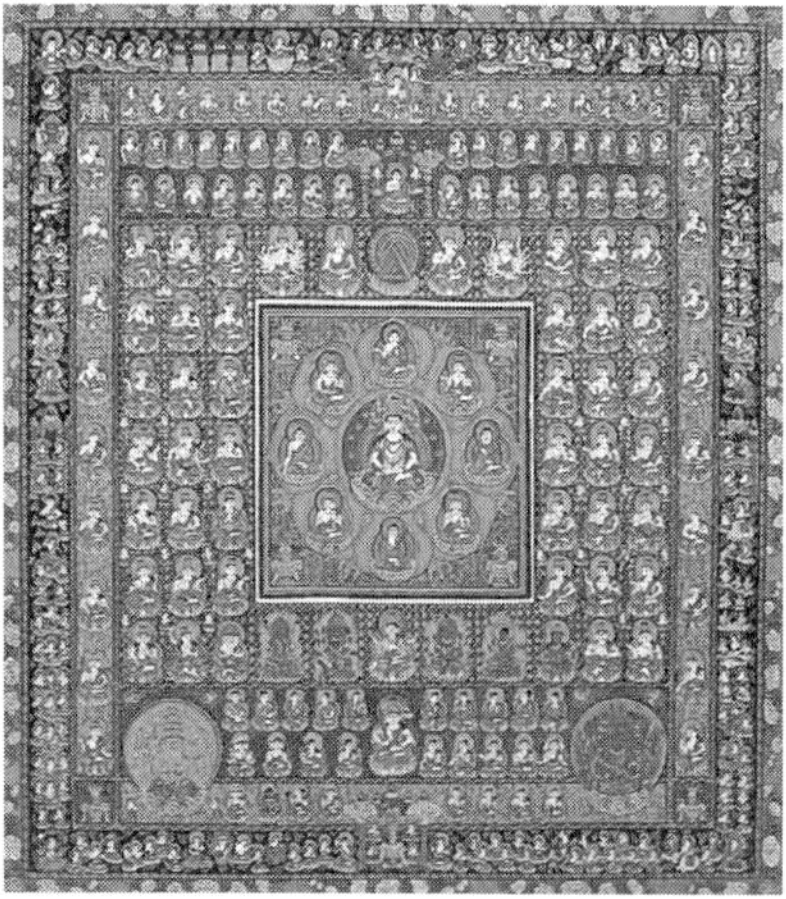

胎蔵界曼荼羅：金剛界曼荼羅と一対で両界曼荼羅といわれ，密教の宇宙観を表す．胎蔵界では『大日経』の教えが描かれている．

金剛界曼荼羅：『金剛頂経』に説かれる仏の智慧が描かれ，9種の曼荼羅がひとつに集められている．(図版：仏教美術中，2点とも)

ラヤーナ）にもとづくとされていました。これは要するに、密教のことです。

タントリズムの世界

密教はその後、ヒンドゥー教と混淆して、インドから仏教は消えてしまいます。

密教の流れをくむ**タントリズム**は、尸林《しりん》（墓地の裏手の荒れ地）で男女抱合の儀式を行ないサンヴァラ（性的合一による至高の快楽）を得る、という怪しげなものでした。地面の上に曼荼羅を描き、般若＝女性、方便＝男性、菩提心＝男女の抱合、という象徴方程式を立てて、集団的に男女が抱合します。この儀式専門の、荼枳尼《だきに》という秘教集団の女性もいました。このように性的快楽を、密教にいう「成仏を確信する方法」に採用したのがタントリズムです。そのほかに、殺生・妄語・盗・淫・糞尿食……など、仏教の戒と反対のことを故意に行なう修行法まで現れました。

参考文献

平川彰ほか編『講座大乗仏教』（全一〇巻）春秋社　一九八一～一九八五　↓新装版　一九九五～一九九六…大乗各教派の成立と展開を解明
平川彰『原始仏教の研究　教団組織の原型』春秋社　一九六四…戒律の機能を解明
平川彰『初期大乗仏教の研究』春秋社　一九六八…仏塔信仰が大乗仏教の起源であると解明

中村元『ナーガールジュナ』（人類の知的遺産13）講談社　一九八〇　→『龍樹』（改題）講談社学術文庫1548二〇〇二…「空」について最高の解説
陳舜臣『曼陀羅の人（上・下）』TBSブリタニカ　一九八四…空海を主人公とする出色の小説
津田真一『反密教学』リブロポート　一九八七…密教についてのすぐれた解明

column

般若心経《はんにゃしんぎょう》

〈漢訳文〉

般若波羅蜜多心経《はんにゃはらみったしんぎょう》

唐三蔵法師《とうさんぞうほうし》玄奘《げんじょう》　訳《やく》

観自在菩薩《かんじざいぼさつ》　行深般若波羅蜜多時《ぎょうじんはんにゃはらみったじ》　照見五蘊皆空《しょうけんごうんかいくう》　度一切苦厄《どいっさいくやく》　舎利子《しゃりし》　色不異空《しきふいくう》　空不異《くうふい》
色《しき》　色即是空《しきそくぜくう》　空即是色《くうそくぜしき》　受想行識亦復如是《じゅそうぎょうしきやくぶにょぜ》　舎利子《しゃりし》　是諸法空相《ぜしょほうくうそう》　不生不滅《ふしょうふめつ》　不垢不浄《ふくふじょう》
不増不減《ふぞうふげん》　是故空中無色《ぜこくうちゅうむしき》　無受想行識《むじゅそうぎょうしき》　無眼耳鼻舌身意《むげんにびぜっしんい》　無色声香味触法《むしきしょうこうみそくほう》　無眼界《むげんかい》　乃至無《ないしむ》
意識界《いしきかい》　無無明《むむみょう》　亦無無明尽《やくむむみょうじん》　乃至無老死《ないしむろうし》　亦無老死尽《やくむろうしじん》　無苦集滅道《むくしゅうめつどう》　無智亦無得《むちやくむとく》　以無所《いむしょ》
得故《とくこ》　菩提薩埵《ぼだいさった》　依般若波羅蜜多故《えはんにゃはらみったこ》　心無罣礙《しんむけいげ》　無罣礙故《むけいげこ》　無有恐怖《むうくふ》　遠離《おんり》［一切《いっさい》］顛倒夢《てんどうむ》
想《そう》　究竟涅槃《くきょうねはん》　三世諸仏《さんぜしょぶつ》　依般若波羅蜜多故《えはんにゃはらみったこ》　得阿耨多羅三藐三菩提《とくあのくたらさんみゃくさんぼだい》　故知般若波羅蜜多《こちはんにゃはらみった》
是大神呪《ぜだいじんしゅ》　是大明呪《ぜだいみょうしゅ》　是無上呪《ぜむじょうしゅ》　是無等等呪《ぜむとうどうしゅ》　能除一切苦《のうじょいっさいく》　真実不虚《しんじつふこ》　故説般若波羅蜜多呪《こせつはんにゃはらみったしゅ》
即説呪曰《そくせつしゅわつ》　掲帝《ぎゃてい》　掲帝《ぎゃてい》　般羅掲帝《はらぎゃてい》　般羅僧掲帝《はらそうぎゃてい》　菩提僧莎訶《ぼじそわか》　般若《はんにゃ》（波羅蜜多《はらみった》）心経《しんぎょう》

〈訓読文〉

般若波羅蜜多心経《はんにゃはらみったしんぎょう》　唐の三蔵法師玄奘訳す

観自在菩薩《かんじざいぼさつ》、深般若波羅蜜多《じんはんにゃはらみった》を行《ぎょう》じし時《とき》、五蘊皆空《ごうんかいくう》なりと照見《しょうけん》して、一切《いっさい》の苦厄《くやく》を度《ど》したまえり。舎利子《しゃりし》よ、色《しき》は空《くう》に異《こと》ならず。空《くう》は色《しき》に異《こと》ならず。色《しき》はすなわちこれ空《くう》、空《くう》はすなわちこれ色《しき》なり。受想行識《じゅそうぎょうしき》もまたかくのごとし。舎利子《しゃりし》よ、この諸法《しょほう》は空相《くうそう》にして、生《しょう》ぜず、滅《めつ》せず、垢《あか》つかず、浄《きよ》からず、増《ま》さず、減《へ》らず、この故《ゆえ》に、空《くう》の中《なか》には、色《しき》もなく、受《じゅ》も想《そう》も行《ぎょう》も識《しき》もなく、眼《げん》も耳《に》も鼻《び》も舌《ぜつ》も身《しん》も意《い》もなく、色《しき》も声《しょう》も香《こう》も味《み》も触《そく》も法《ほう》もなし。眼界《げんかい》もなく、乃至《ないし》、意識界《いしきかい》もなし。無明《むみょう》もなく、また無明《むみょう》の尽《つ》くることもなし。乃至《ないし》、老《ろう》も死《し》もなく、また、老《ろう》と死《し》の尽《つ》くることもなし。苦《く》も集《しゅう》も滅《めつ》も道《どう》もなく、智《ち》もなく、また、得《とく》もなし。得《う》る所《ところ》なきを以《もっ》ての故《ゆえ》に。菩提薩埵《ぼだいさった》は、般若波羅蜜多《はんにゃはらみった》に依《よ》るが故《ゆえ》に、心《こころ》に罣礙《けいげ》なし。罣礙《けいげ》なきが故《ゆえ》に、恐怖《くふ》あることなく、［一切《いっさい》の］顛倒夢想《てんどうむそう》を遠離《おんり》して涅槃《ねはん》を究竟《くきょう》す。三世《さんぜ》諸仏《しょぶつ》も般若波羅蜜多《はんにゃはらみった》に依《よ》るが故《ゆえ》に、阿耨多羅三藐三菩提《あのくたらさんみゃくさんぼだい》を得《え》たまえり。故《ゆえ》に知《し》るべし、般若波羅蜜多《はんにゃはらみった》はこれ大神咒《だいじんしゅ》なり。これ大明咒《だいみょうしゅ》なり。これ無上咒《むじょうしゅ》なり。これ無等等咒《むとうどうしゅ》なり。よく一切《いっさい》の苦《く》を除《のぞ》き、真実《しんじつ》にして虚《こ》ならざるが故《ゆえ》に。般若波羅蜜多《はんにゃはらみった》の咒《しゅ》を説《と》く。すなわち咒《しゅ》を説《と》いて曰《い》わく、掲帝《ぎゃてい》　掲帝《ぎゃてい》　般羅掲帝《はらぎゃてい》　般羅僧掲帝《はらそうぎゃてい》　菩提僧莎訶《ぼじそわか》　般若《はんにゃ》（波羅蜜多《はらみった》）心経《しんぎょう》

〈訳文〉

全知者である覚った人に礼したてまつる。

求道者《ぐどうしゃ》にして聖なる観音は、深遠な智慧の完成を実践していたときに、存在するものには

五つの構成要素があると見きわめた。しかも、かれは、これらの構成要素が、その本性からいうと、実体のないものであると見抜いたのであった。

シャーリプトラよ。この世においては、物質的現象には実体がないのであり、実体がないからこそ、物質的現象で（あり得るので）ある。実体がないといっても、それは物質的現象を離れてはいない。また、物質的現象は、実体がないことを離れて物質的現象であるのではない。（このようにして、）およそ物質的現象というものは、すべて、実体がないことである。およそ実体がないということは、物質的現象なのである。これと同じように、感覚も、表象も、意志も、知識も、すべて実体がないのである。

シャーリプトラよ。この世においては、すべての存在するものには実体がないという特性がある。生じたということもなく、滅したということもなく、汚れたものでもなく、汚れを離れたものでもなく、減るということもなく、増すということもない。それゆえに、シャーリプトラよ。実体がないという立場においては、物質的現象もなく、感覚もなく、表象もなく、意志もなく、知識もない。眼もなく、耳もなく、鼻もなく、舌もなく、身体もなく、心もなく、かたちもなく、声もなく、香りもなく、味もなく、触れられる対象もなく、心の対象もない。眼《げん》の領域から意識の領域にいたるまでことごとくないのである。

（さとりもなければ、）迷いもなく、（さとりがなくなることもなければ、）迷いがなくなることもない。こうして、ついに、老いも死もなく、老いと死がなくなることもないというにいたるのである。苦しみも、苦しみの原因も、苦しみを制することも、苦しみを制する道もない。知ることもなく、得るところもない。

それゆえに、得るということがないから、諸《もろもろ》の求道者の智慧の完成に安んじて、人は、心を覆われることなく住している。心を覆うものがないから、恐れがなく、顚倒《てんどう》した心を遠く離れて、永遠の平安に入っているのである。過去・現在・未来の三世にいます目ざめた人々は、すべて、智慧の完成に安んじて、この上ない正しい目ざめを覚り得られた。

それゆえに人は知るべきである。智慧の完成の大いなる真言、大いなるさとりの真言、無上の真言、無比の真言は、すべての苦しみを鎮《しず》めるものであり、偽りがないから真実であると。その真言は、智慧の完成において次のように説かれた。

「ガテー　ガテー　パーラガテー　パーラサンガテー　ボーディ　スヴァーハー」

(往ける者よ、往ける者よ、彼岸《ひがん》に往ける者よ、彼岸に全《まった》く往ける者よ、さとりよ、幸あれ。)

ここに、智慧の完成の心が終わった。

（出典：中村元・三枝充悳『バウッダ』小学館　一九八七）

仏教の伝播と変容

講義8　中国と日本の仏教

仏教は、中央アジアを通って中国に伝えられ、韓国、日本に広まりました。これを、仏教東《とう》漸《ぜん》と言います。この過程で、仏教は、インドにあった要素をいくつか失い、中国的な要素をいくつか吸収しました。日本が受け取った仏教は、こうしたわけで、さまざまな要素の混合物でした。当時、最新の世界思想であった仏教を受容することで、わが国の精神世界は大きく飛躍・変容し、社会構造や近代化のあり方も規定されることになります。

キーワード　漢訳仏典、教相判釈《きょうそうはんじゃく》、天台宗、禅宗、浄土真宗、日蓮宗

南伝・北伝

仏教はインドから、二つの方向に伝播しました。

ひとつは、**南伝**。紀元前三世紀に、アショーカ王の王子マヒンダが、小乗（部派）仏教をセイロン（いまのスリランカ）に伝えたといいます。これはのちに、タイやカンボジア、ビルマ（ミャンマー）に伝わりました。というわけで、東南アジア一帯は、いまも熱心な仏教徒の多い一帯になっています。

もうひとつは、**北伝**。当時、ガンダーラ地方に、アレキサンドロス大王の遠征で入植したギリシャ人の都市国家があったが、彫刻好きの彼らは仏教に改宗して、多くの仏像を残した。仏像といえば、鼻が高く髪はウェーブがかかり、ギリシャ風の美男美女ですが、それはギリシャの影響です。

❖このあと、中央アジア、シルクロードのオアシス国家（敦煌《とんこう》などが有名です）を経由して、仏教は徐々に中国に伝わることになります。中国人は、プライドの高い民族で、あまり他国の文明を受け容れることがありませんが、インド人の哲学的・抽象的思考能力は真似のできない優れたものだったので、中国人の受け容れるところとなりました。反対に、中国からインドに伝わったものが特にないのは歴史の皮肉です。

中国と仏教

中国に仏教が伝わったのは、後漢の明帝の時代にさかのぼるともいい、大乗仏教がインドでだんだん盛んになっているのと同時代です。その後もとぎれなく経典が伝わり、隋や唐の時代には国家の支持もあって、儒教に匹敵する勢力に成長します。

隋や唐は、なぜ仏教に肩入れしたのか。ひとつの説は、これらの王朝の支配層は北方の異民族の出身だったので、漢民族の儒教を相対化する必要があり、外来思想である仏教に帰依《きえ》したというものです。一理あると思います。唐は、シルクロードの交易によって栄えた国際

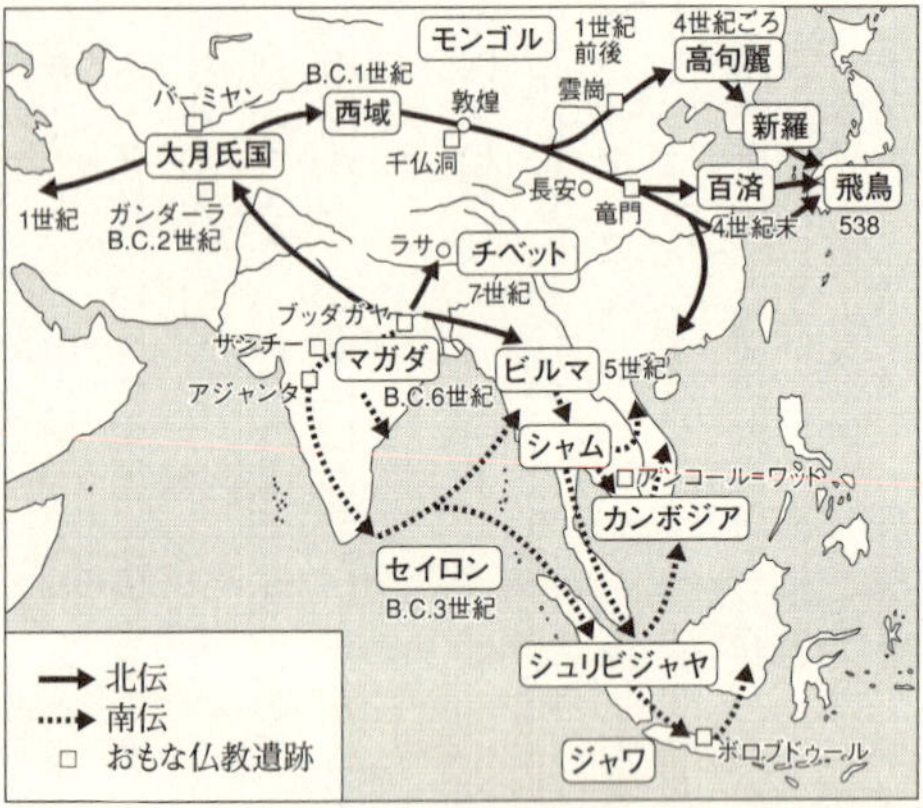

仏教の伝播ルート

玄奘（図版：仏教美術中）

ガンダーラ仏（写真：PPS）

国家でしたから、こうした政策は自然なものでした。

❧あとで儒教を扱う章でみますが、このころまでに、中国の統一王朝を基礎づける儒教の地位は確固としたものになっていました。そこで、古代中国の正統思想である儒教、それと相補的な関係にある道教に、仏教も加えた、儒・仏・道の三教合一が、この時代に試みられた「ポスト古代思想」だったのです。儒教・仏教・道教が一体となったこの思想は、遣唐使などを通じて同時代の日本にも伝わり、日本の正統思想となります。

ところが、仏教を中国に根付かせようとすると、困った問題がありました。儒教に典型的なように、中国人にとって、年長者や政治的指導者への服従（親に孝、君に忠）は道徳や政治の根本原則です。これに対して、仏教は、親を捨てて出家し、現実政治を離れて修行することに価値を置きます。中国人にとっては「この世界こそが大事、この世界で幸福を追求すべき」なのに、仏教では「この世界は苦であるから解脱をめざす」と、正反対です。しかも、在家の人びとに食事を求める僧侶の「乞食《こつじき》」は、中国では社会の最底辺の人びとが行なうことで、差別の対象になります。（インドでは最高の聖者が行なうことで、尊敬の対象でした。）これだけ社会構造や発想が違うと、仏教はそのままでは、なかなか中国人に受け容れられません。

そこで、工夫が必要になります。

まず、仏教は哲学であり、思想であり、薬学や建築や美術、天文そのほかの実用知識だけれども、要するにそれだけと割り切って、現実政治はいままでどおり儒教で行なうことにします。第二に、出家して現実社会と無関係になっては困るので、出家を許可制にし、僧侶を国家公務員にします。これを、**僧綱制**《そうごうせい》といいます。寺院も、本寺－末寺というように官僚制に組織します。こうして中国の仏教は、国家仏教になりました。

❖中国で仏教がその後すたれた理由も、ここにあります。国家仏教は、寺院の建築から僧侶の経費まで国が面倒をみるので、とにかく費用がかかる。国家財政を圧迫するので、王朝が交代すると簡単にリストラされてしまいます。リストラをまぬがれたのは、自給自足で経済的な自立をはかった、禅宗だけでした。禅宗については、すぐあとでのべます。

漢訳仏典

中国に伝来した経典は、サンスクリット語の原典でしたが、中国側ではこれをつぎつぎに漢訳しました。同じ経典でも、何通りもの翻訳があるものがあります。翻訳には時間も費用もかかるので、たいていは国王や皇帝がスポンサーになりました。翻訳者としては、**鳩摩羅**《くまら》**什**《じゅう》（クマラジーバ）が有名です。彼は、西域人でハンサムなプレイボーイでしたが、語学の天才で、日本に伝わった重要な経典（たとえば法華経）も彼の翻訳です。彼より少し後には、西遊記で有名な**玄奘**《げんじょう》＊（三蔵法師）も翻訳をいろいろしています。

漢文のリズムは、詩文の場合、五言絶句や七言絶句のように奇数が基本だが、漢訳の仏典は四音が基本になっています。**般若心経**の、「色即是空、空即是色」を思い出して下さい。偶数ですから、木魚をポクポクと叩いて読誦するのにちょうどよいのです。

翻訳の元になったサンスクリット語の原本は、貝葉片《ばいようへん》といって、大きな木の葉っぱに釘で書いたものだそうだが、中国ではしまってあるうちになくなってしまい、残っていません。日本には、中国からお土産に持ち帰ったものが、何枚か残っているという話です。

日本の仏教の不思議は、経典を日本語に訳さないで、漢文のまま用いたことです。漢文ももとはと言えば翻訳だから、それをさらに日本語に訳してもバチは当たらなかったはずだが、これは奇妙です。その結果、お経といえば「ちんぷんかんぷんで理解できない」ことの代名詞となっています。ひと握りの知識人しかわからない言葉には、社会を動かす力はありません。聖書のルター訳（民衆ドイツ語訳）が宗教改革をうみ出したことを考えれば、親鸞や日蓮が経典を日本語に訳さなかったのは、残念なことでした。

玄奘（六〇〇—六六四）：唐代の僧。三蔵法師の名で知られる。六二九年長安を出発し、西トルキスタン、アフガニスタンを経てインドに入り、ナーランダ僧院で学ぶ。帰国ののち一九年間にわたり、弟子たちと仏典漢訳の大事業を行なう。玄奘以前の訳を旧訳《くやく》、以後を新訳という。法相宗の祖とされる。

教相判釈

インドでは、経典とそれを伝持する教団とがきちんと対応していましたが、中国にはばらばらに大小乗の経典や仏典が持ち込まれて翻訳されたので、混乱が生じました。すべて釈尊ひとりの著述と信じられていたから、量が多いのはともかく、内容に違いがありすぎます。

そこで、中国では、どの経典が大事かを判定する**教相判釈**《きょうそうはんじゃく》（略して教判）が、盛んに行なわれました。互いに矛盾するさまざまな仏典を、整合的に理解し、釈尊の思想を再構成しようとする試みです。天台宗は五時教判《ごじきょうはん》、華厳宗は五教十宗など、宗派ごとに教判がありました。

❦教相判釈は仏教特有の現象で、一神教にはありえません。釈尊は、いくら偉くても人間です。経典は、覚りのためのマニュアルです。そこで、どれが役に立つか、価値があるテキストかを、序列づける学説を立てることができます。

いっぽう一神教の聖典は、どれも神の言葉ですから、たとえばマタイの福音書よりも使徒行伝のほうが価値があるなどと、人間が勝手に序列をつけることは許されません。

天台の五時教判

このうち、重要なのが、天台の**五時教判**です。天台宗の開祖・**天台智顗**《ちぎ》は、すべての経典を、釈尊が説法した時期に従って、五つに分類しました。彼の説によれば、釈尊はまず覚りの直後、興奮さめやらぬ間に、大変レヴェルの高い説法をした（**華厳時**）。このときに説いたのが華厳経だが、いきなり難しすぎたので聴衆がついていけず、反省し、今度は相手のレヴェルに合わせたやさしい小乗の阿含《あごん》経を説いた（**鹿苑時**《ろくおんじ》）。そのあとはだんだんレヴェルを上げて、唯摩《ゆいま》経や勝鬘《しょうまん》経を説いた**方等時**、般若経を説いた**般若時**と進み、最後に、いちばん大切な経典である法華《ほけ》経と、臨終の経典である涅槃《ねはん》経を説いた**法華涅槃時**に至るという、全部で五つの時期を経過したというのが、五時教判です。

この説によると、経典の大事な順番は、法華経が一番、華厳経が二番、般若経が三番……で、阿含経がいちばん最低となります。

最澄が、天台宗を日本に伝えて比叡山延暦寺《ひえいざんえんりゃくじ》を開いてから、天台の五時教判の学説は事実上、日本仏教の共通了解になりました。もともとは独立した思想の表現だったそれぞれの経典は、互いに矛盾もある。それが、釈尊ひとりの著作と信じられ、内容の喰い違いは聴衆の理解能力に合わせた「方便」だと解釈されたのです。

天台智顗（五三八—五九七）：中国天台宗の第三祖といわれるが、事実上の開祖。法華経の精神と龍樹の教学を中国独自の形に体系づけようと、教相判釈と禅観に基づいて総合的な体系をつくりあげた。「天台三大部」といわれる『摩訶止観』『法華玄義』『法華文句』を講述。

禅宗

禅宗は、インドにはなく中国でうまれた、中国特有の仏教の宗派です。禅宗は、座禅で有名です。禅は、サンガの標準的な修行法で、インドでもよく行なわれた。それに対して禅宗の特徴は、仏教の経典を無視すること、そして、戒律を無視することです。戒律（具足戒《ぐそくかい》）には、たとえば掘地戒《くっちかい》というものがあって、比丘は地面を掘ってはいけない（虫を殺生する可能性が高いから）のだが、そうすると農業はできません。戒律を守っていれば、労働ができず、乞食《こつじき》修行をするか、国家に扶養されることになります。

❖大乗仏教の戒律はもともと存在せず、律蔵にもまとめられていなかったので、中国に伝わったのは小乗の具足戒だけでした。禅宗以外の大乗仏教の諸宗派は、この律をいろいろ研究して、自分たちの戒律に採用しました。日本には、律のテキストは伝わりましたが、気候や風俗習慣も違うしそのまま採用することはできないと考えたのか、厳格に守られることはありませんでした。

禅宗は、こんな戒律は無視して、自分たちで修行の規則（清規《しんぎ》）を決める。そして、農業をしたり食事を準備したりすることを、修行と考える。禅宗は、僧侶が自分で食事をつくるが、殺生戒を守るので味噌や豆腐など植物蛋白を多用する**精進料理**《しょうじんりょうり》を発達させた。これが日本に伝わって、日本料理のベースになりました。

❀仏教は、在家の信徒に肉食を禁じていないので、インドでも中国でも、仏教徒も肉を食べます。ところが日本では、聖武天皇が肉食を禁じたという言い伝えが残っていますが、奇妙なことに、いつのまにか出家者だけでなく在家の一般民衆も、肉食をしなくなってしまいました。これは、仏教の誤解にもとづくものです。そこで、おいしい豚骨スープが作れなくなり、かわりに味噌汁や、日本料理独特のダシが発達することになったのだと思います。

禅宗の開祖は、**菩提達磨**《ぼだいだるま》（Bodhidharma、ボーディダルマ）と言われています。この人物はインド人で、六世紀ごろに海路、中国にやって来た。そして、釈尊直伝《じきでん》の座禅法を伝承していると称していた。釈尊は、説法を多くの経典として残していますが、座禅法はパフォーマンスだから、テキストにならない。そして、成仏に大事なのは、経典もさることながら座禅修行であるというのです。それなら、経典を読んでいるひまに、釈尊直伝の座禅を習うべきだということになります。

達磨大師は、面壁九年の座禅をしてついに手足がなくなったという伝説があるほどの座禅の達人です。そして、釈尊の権威をたてに、戒律を無視することに決め、経典も自由に解釈しました。禅宗では、経典の「真意」を「超訳」的に解釈する、「問答」をよくやります。

禅宗では「不立文字《ふりゅうもんじ》」といって、真理はテキストの表面的な意味を超えたところにあると考えます。そして、達磨大師の権威は、直系の弟子に代々ひきつがれ、禅宗を形成しました。自給自足である点が中国人のあいだで評価されて、宋代以降、中国の仏教の主流となっています。

❀人里離れた山のなかで生活する禅宗は、中国人の大好きな老荘思想と通じるところもあると思います。また、茶を広めたのも、禅宗の功績です。

禅宗は、世俗の労働を仏教修行の心で行なうことができる点に特徴があります。そこで日本に伝わった禅宗は、後述するように、特に武士のあいだで人気をえました。「労働も修行である」という考え方は、ルターの「天職」の考えと似たところがあり、江戸時代の鈴木正三《しょうさん》*や石門心学《せきもんしんがく》*などを経て、日本人の勤労倫理に影響を与えたと思われます。

日本への伝播

朝鮮半島経由で日本に仏教が伝わったのは、六世紀の前半と言われています。日本ではすぐさま、論争が起こりました。物部《もののべ》氏など保守派は「日本には昔から神がいるのだから、外来の仏は必要ない」と主張しました。外来の蘇我氏らは「いまやグローバル化の時代だから、国際標準《グローバルスタンダード》の仏教を信じないと時代に遅れる」と主張しました。結局、仏教導入派が勝利をおさめます。

つぎに重要な人物は聖徳太子です。聖徳太子は、中国語や朝鮮語をよく理解できたらしく、国際的に通用する知識人です。仏教についても知識が深く、法華経、唯摩《ゆいま》経、勝鬘《しょうまん》経の主要大乗経典を注釈した『三経義疏《ぎそ》』を著しました。さらに、官僚機構を中国式に整備し、豪族の勢力を抑えて天皇の権力が優位するようにはかりました。仏教、儒教などの国際標準によって日本を改造しようというのが、基本的なアイデアです。

南都仏教

日本は隋、続いて唐に定期的に使節を派遣し、中国の進んだ知識や技術を導入しようとはかりました。こうして七〜八世紀に招来されたのが、**南都《なんと》仏教**です。六つの宗派があったので「南都六宗」ともいいますが、これらの宗派は、学者僧侶の研究サークルのようなもので、後代のように教団としての実体をそなえたものではありませんでした。倶舎《ぐしゃ》宗、法相《ほっそう》宗、三《さん》論《ろん》宗、律《りつ》宗、華《け》厳《ごん》宗、成実《じょうじつ》宗の六つです。

鈴木正三（一五七九―一六五五）：家康の家臣で関が原、大坂の陣で武勲をたて、のち出家。各地を説法して歩き仮名草子や仏教関係の著述を行なう。『破吉利支丹』『二人比丘尼』などの著書がある。
石門心学：一八世紀中頃、京都の商人石田梅岩（一六八五―一七四四）によってはじめられた社会教育運動の一種。儒学・仏教・神道・道教の説を取り入れて、士農工商を通じて道はひとつ、平等であると説き、商人の正当性を強調した。

❦倶舎宗は、世親（バスバンドゥ）というインド僧の著した『倶舎論』を中心に、教理の研究を進めるグループ。法相宗は、唯識論（輪廻と、阿頼耶識《あらやしき》、末耶識《まやしき》など人間精神のあり方）を研究するグループ。三論宗は、『中論』『十二門論』『百論』を研究するグループ。律宗は、律蔵を研究するグループ。華厳宗は、『華厳経』を研究するグループ。成実宗は『成実論』を研究するグループ。すぐわかるように、小乗・大乗の両方がまじり、また各宗派が必ずしも排他的でないのが特徴です。

このうち最大の影響をもったのは、華厳宗でした。

聖武天皇が仏教、特に華厳宗に深く帰依し、日本全体を仏教化しようと考えました。これは当時、唐で進んでいた国家仏教政策の真似でもあったのですが、全国に国分寺を、首都にはその総本山である東大寺を、建立させました。東大寺は完成しますが、国家財政に大きな負担となり、各地の国分寺はやがて廃れてしまいます。

天台宗と真言宗

遣唐使船で中国に派遣された学僧のなかに、最澄と空海がいました。

最澄（七六二－八二二）は、まじめな秀才タイプ。天台宗を学び、帰国します。そして比叡山に延暦寺を開き、**天台宗**の開祖となります。以来、織田信長が焼き討ちをかけるまで、比叡山は日本仏教の中心として大きな役割を果たします。

いっぽうの**空海**（七七四―八三五）は、天才タイプ。書もうまく芸術的な天分があり、山登りも得意です。長安で真言宗を学び、並みいる先輩をごぼう抜きにして、青龍寺法主《せいりゅうじほっす》である恵果《けいか》の唯一の後継者となり、帰国して高野山に金剛峰寺《こんごうぶじ》を開いて、**真言宗**の開祖となります。

真言宗は、中国で最新流行の密教（オカルト超能力の宗教）で、貴族に人気を博しました。天台宗も対抗して、最澄の弟子の円仁や円珍が留学して唐から密教を伝え、台密《たいみつ》と称します。僧侶は大袈裟な加持祈禱《かじきとう》などのパフォーマンスをし、護摩《ごま》を焚き、貴族の注文にこたえました。

❦平安時代の貴族たちは、権力闘争に明け暮れるいっぽう、漠然とした不安におののき、迷信ぶかく、無常感にとらわれていました。ひとつは、彼らの国法上の地位が不安定で、税金をネコババするに等しい寄生虫的存在だったこともあるでしょう。もうひとつは、彼らの荘園経営が不安定で、在地の武士階級に脅かされていたこともあるでしょう。

彼らの日常は、合理的な正統仏教よりも、非合理なオカルト信仰（たぶん道教がかたちを変えたもの）に支配されていました。特別な心配事があるときは、密教にもすがりました。浄土信仰も盛んでした。臨終の際に阿弥陀来迎がみえれば、極楽往生の証拠だと考えられ、阿弥陀仏の像を病室に運び込んで病人と赤い紐で結んだりしました。

寺社は、それぞれ荘園をもち、その収入で多くの僧侶を養いました。また、貴族の子弟が出家し、あわせて寄進が行なわれることもよくありました。

浄土信仰

大乗仏教では、成仏は至難のわざと考えられています。密教の超能力も、修行を積んだ僧侶の神通力を借用するもので、誰にでも可能なわけではありません。

仏教の知識もなく修行もできない在家の人びとにとって、成仏への近道は、極楽に往生することしかありませんでした。一生を天台や真言の修行にはげんだ僧侶たちも、晩年には極楽往生を願ったりしました。敗者復活戦のようなものです。

藤原頼通*が建築した宇治の平等院は、中央に阿弥陀仏を安置した、浄土信仰の産物で、地上に極楽を再現するものとまで言われました。

浄土信仰は、仏教としてはやや変則的ですが、それでも輪廻思想の範囲内にあります。人間は死ねば、本来ならこの世界のなかで輪廻（再生）するのだが、そこに阿弥陀仏の本願（念力パワー）が介入して、輪廻の法則を少しだけねじ曲げ、極楽にワープして再生させる。これが「往生」です。極楽に再生したあとは、阿弥陀仏の特別講義を聴いて、みるみる修行のランクがアップ。極楽で死んでこのつぎに再生したなら、みごと成仏する、というものです。

このように極楽往生は、成仏するための十分条件（往生しさえすれば、あとは必ず成仏する）だから価値があるので、それ自体に価値があるのではない。ところがそのことがだんだん忘れられ、極楽往生そのものが自己目的化してきます。そうなれば、成仏が最終目標ではないことになり、仏教とは言いにくくなります。

武士と禅宗

平安から鎌倉時代にかけて、新しい社会階層、武士が台頭します。

❖もともと日本の農地は、口分田で、国家が所有し、農民に分配することになっていました。しかし租庸調の税金が重すぎて、農民が逃げ出し、多くの農地がいつのまにか民営化されてしまいます。これが、荘園です。

荘園は、収益をあげるために、農民の積極性をひき出さねばなりません。荘園領主である貴族はガードマン（武士）を雇って、所有権を確保し、農民を指揮監督するいっぽう、新規農地の開発に当たらせました。荘園経営の実務を担当するうちに、武士たちは、全国

藤原頼通（九九二―一〇七四）：道長の子。後一条、後朱雀、後冷泉三代の摂関。太政大臣となってまもなく辞し、宇治平等院を建立。

的なネットワーク（源氏、平家）を築きあげ、巨大な軍事力と政治力を手に入れます。そして、鎌倉幕府を設立して、彼らの実質所有権を保証し（本領安堵《ほんりょうあんど》）、警察権や裁判権もだんだん奪い取ります。

武士は、禅宗に大きな魅力を感じました。武士は、殺人を業《なりわい》とする職業軍人です。強い覚悟と団結が必要なうえ、戦闘のあとには強い虚無感が残る。それは仏教の、無常観に通じます。

貴族も無常の感覚に悩まされていましたが、武士の場合と違います。貴族の場合は、リッチマンの罪悪感。武士の場合は、農地を経営し政治・経済の実務を担当しながら、十分な社会的地位が与えられず、殺人（不法行為）を常習とするという虚無感です。

禅宗は、出家を特別視せず、世俗の職業に従事するのも修行として大切だという論理をもっています。また、虚無感や無常感は世界の実態に近いので、意味があると考えます。また、経典を読むよりも実践を重視する点が、武士好みでした。

鎌倉には、武家の支持によって、臨済《りんざい》宗や曹洞《そうとう》宗のような禅宗が招来されました。

法然と浄土宗

武士のほかに、社会階層として成長したのが、農民です。

❀日本の農業は、奴隷制で行なわれたことがない。大規模灌漑《かんがい》農業ではなく、労働集約的で、家族単位で耕作し、面積は狭いが単位収量は高い。荘園は、それを組織したものでした。

鎌倉時代のあいだに、農民の村落単位の結合がだんだん強固になり、室町時代には「惣村」といわれるものになります。こうした農民のコミューン的結合が、鎌倉新仏教の土壌となります。

農民は、厳しい労働の成果を貴族や寺社や武士に奪われるうえ、社会的地位も名誉も与えられないという疎外感を抱いていました。煩雑でペダンチックな、支配者のための仏教に代わる、明快・簡潔な世界観を求めていました。農民は忙しいので、出家したり経典を読んだりする余裕がありません。そのような農民の苦悩に共感する僧侶が、時代の求めに応じて現れます。

法然《ほうねん》（一一三三―一二一二）は、**浄土宗**の開祖です。彼ははじめ、比叡山で修行していましたが、浄土三部経（『無量寿経』『観無量寿経』『阿弥陀経』）などを研究し、もっと誰もが簡単に救われる道はないかと模索して、浄土宗のアイデアを得ます。まず、**念仏**重視。極楽往生の条件には、いろいろ説があるが、彼はそれを念仏に一本化しました。「南無阿弥陀仏《なむあみだぶつ》」の念仏なら、字が読めない農民にも唱えられる。どんな悪人でも念仏を唱えれば、往生できるとしました。

このアイデアは、農民をはじめ、貴族・武士から庶民にいたるまで、さまざまな階層の人びとに支持されたが、旧仏教の側から圧迫を受け(念仏停止《ねんぶつちょうじ》)、弟子たちとともに流罪になります。

親鸞と浄土真宗

親鸞《しんらん》(一一七三―一二六二)は、法然の弟子で、念仏停止の際には越後に流罪になりました。

親鸞は、浄土宗に限界を感じ、その先を行く**浄土真宗**のアイデアを得ます。

浄土宗では、念仏をまだ「修行」と考えています。修行は、成仏しようという信者の主体的な行為で、何回唱えたかという回数も問題になります。念仏は、誰にでもできる簡単な行為(易行《いぎょう》)だとはいえ、それでも、行為(自力)↓救済という因果論の枠内にあります。これに対して浄土真宗は、念仏は修行ではないと考えます。一回唱えれば、それも心のなかでも、十分だと言います。往生のために、人間の側の主体的行為は必要ない、阿弥陀仏の主体性にすべてを任せるのが正しい(絶対他力)という思想です。

救済の因果論を否定するのですから、悪人も善人も、阿弥陀仏の前には区別がない(むしろ、悪人こそ往生すべき)という「悪人正機説《あくにんしょうきせつ》」になります。

自力を否定すれば、論理的に考えて、修行を否定し、出家を否定せざるをえません。親鸞自身は、自分を、出家修行者でもただの在家信者でもない（非僧非俗）とし、妻帯しました。世界仏教史上、画期的・革命的な事件です。

❀出家を認めないから、寺もない。そこで浄土真宗は代わりに、道場（集会場）をつくりました。シナゴーグやモスクのようなものです。浄土真宗が寺をつくるようになったのは、ずっと後のことです。

絶対他力の原則にもとづく浄土真宗（一向宗）は、この地上に、強力な共同体（コミューン）をつくり出すことができました。この世界は正しくないとして、極楽への往生を願う（厭離《おんり》穢土《えど》、欣求《ごんぐ》浄土《じょうど》）。人びとがほんとうにそのように願うなら、極楽のあり方を基準に、この地上を再組織できるわけです。往生を願うのが往相《おうそう》（極楽←この世）なら、**一向一揆**の形成は還相《げんそう》（極楽→この世）です。自力は、個人の違いをどうしようもないので、差別を生みます。絶対他力は、阿弥陀仏の前での平等という考え方だから、平等な社会を実現できる。「天台宗も真言宗も華厳宗も禅宗も必要ない、貴族も寺社も武士も必要ない。農民だけで、絶対他力の阿弥陀信仰にもとづいて、階級のない社会をつくろう」というのが、一向一揆です。

❀このように、浄土真宗の絶対他力は、キリスト教にかなり近い考え方ですが、違うのは契約の考え方がない点。阿弥陀仏の「本願」は、修行時代の彼（法蔵菩薩）が考えただけで、救われるはずの人びととの「約束」ではありません。また阿弥陀仏は、この世界の創造主ではない（極楽の主人にすぎない）ので、一神教の神のような絶対権限をもっていません。また念仏を強調するあまり、テキスト（経典）を読むことを重視しない点も、キリスト教の聖書中心主義と異なります。

日蓮と法華宗

親鸞と並ぶ、鎌倉仏教のもうひとりのスーパースターが、**日蓮**《にちれん》（一二二二―一二八二）です。

日蓮は、房総半島の漁師の息子でしたが、地元の清澄山で僧となり、比叡山に上って勉強を続けました。日蓮は、仏教の思想的混乱を解決しようとあらゆる経典や論書を読み、結論として、法華経を中心にすべきだというアイデアを得ました。これは、天台の五時教判を下敷きにするものです。五時教判によれば、法華経が最高の経典でしたが、華厳経や般若経も読んだほうがよいとされていた。日蓮によれば、法華経は完全な経典なので、そこにすべてが含まれており、ほかの経典はいっそ読まないほうがよい。華厳宗も律宗も、浄土宗も真言宗も天台宗も、これまでの宗派はすべて間違っているのです。

日蓮は、鎌倉で布教を開始しますが、あまりに極端な主張で、他宗派への論争（折伏《しゃくぶく》）も激しかったため警戒され、弾圧されます。しかし、彼に従う信徒も増え、「南無妙法蓮華経《なむみょうほうれんげきょう》」と経典の題目を唱えるだけでも功徳《くどく》があると「易行」の要素も加えたため、法華宗（日蓮宗）が成立しました。

日蓮の権威を高めたのは、彼が『**立正安国論**』を著し、そのなかで、法華経を重視しないなら、日本に外国が攻めてくるであろうと予言したことです。その通りに、蒙古軍が襲来しました（元寇）。法華宗は弟子たちによって各地に広まり、一向一揆とよく似た**法華一揆**もあちこちで結成されました。

日蓮の主張は、なぜ正しいのでしょうか。

もともと天台の五時教判は、ひとつの学説でした。それを一歩進めた、法華専持（法華経だけあればいい）も、学説のはずです。学説であるからには、ほかの説（ほかの宗派の主張）も容認してよいはずです。他の宗派にしてみれば、法華経が大事だというのは日蓮個人の見解にすぎません。日蓮は、法華経には「この経典が一番大事だ」と書いてある、と言いますが、ほかの経典もそのように主張するかもしれず、決め手になりません。

この点でもう一歩踏み出したのが、日蓮正宗《しょうしゅう》です。日蓮の弟子の日興《にっこう》が始めた日蓮正宗は、日蓮は単なる僧侶ではなく、仏陀そのもの（本仏）である、仏陀が言うのだから法華経が大事であるという主張は正しい、とします。そして、日蓮が仏陀であることは、法華経のなかに予言してある（「東方に仏陀が現れる」と書いてある）、と主張します。

「一遍上人絵伝」（第六巻第三段）より．踊念仏とそれを見る人びと．はじめ延暦寺で天台宗を，のちに浄土宗を学んだ一遍（1239～89）は，熊野権現で神事を受け，熊野信仰を取り入れた時宗を開いた．踊念仏によって遊行し，遊行上人とも呼ばれた．（図版：清浄光寺）

日蓮正宗は、室町～戦国～江戸～明治時代を生き延びて、戦後、大きな勢力になりました。日蓮正宗の在家門徒団体である創価学会が、信者を獲得して広まったからです。戦前の天皇制に反対して、獄中でも転向せず信念を貫いたのは、日本共産党と創価学会（当時は創価教育学会）だけだったので、戦後の人びとの信頼を獲得したのです。創価学会については、できれば機会を改めて、社会学的な考察を試みたいと思います。

律宗と時宗

このほかの宗派としては、律宗と時宗をあげることができます。

律宗は、鎌倉時代、極楽寺ほかを中心に、施薬院などの社会福祉事業（仏教社会主義）を展開して、政府や民衆の支持を集めました。

ひとつの問題点は、財源でした。あまりに手を拡げてしまうと、人びとが殺到して、財源不足となってしまいます。それを政府に頼ると、増税が不可避になります。社会福祉事業では、社会問題の根本を解決するのは不可能です。

時宗は、**一遍**によって広められ、踊念仏を流行させました。遊行僧の本来の姿に戻って、寺院を飛び出し、民衆のなかに入って救済を試みたものです。そのためのツールが、誰にでもできる踊りでした。

しかし、踊りによる救済は、非日常のパフォーマンスに偏っています。社会を混乱させる傾向もあり、後世に残る大きな勢力とはなりませんでした。

江戸幕府の宗教政策

鎌倉新仏教として生まれた浄土真宗（一向一揆）と日蓮宗（法華一揆）は、戦国時代に大きな勢力となり、武家政権と武力衝突しました。

また、西日本を中心にキリスト教（切支丹）も広まり、徹底的に弾圧されました。

宗教運動が政治的反乱に結びつくのを懸念した江戸幕府は、切支丹、真言立川流《たちかわりゅう》、日蓮宗不受不施《ふじゅふせ》派などを**邪宗門**《じゃしゅうもん》（違法な宗派）に定め、禁止しました。残りの宗派は、許可するかわりに、各戸ごとに宗旨を寺社に登録させ、信者（住民）の誕生と死亡を管理させました。登録は、変更できません。「**宗門人別帳**」が、それです。

こうして江戸時代には、信仰の自由がなくなりました。生まれた途端に、宗旨が決まるのですから、新しい信徒の獲得（布教）はありえません。各寺社に割り当てられた信徒を「檀《だん》家《か》」と言います。また、宗派が、宗教的な目的で信徒の集会を開くのも禁止です（法事をのぞく）。宗教活動を一切禁じられた寺社は、葬式しかすることはありません。葬式で生活を保証され、宗教活動を禁じられた仏教は、堕落するしかありません。人びとはやがて、情けない僧侶の日常をみて、「なまぐさ坊主」と馬鹿にするようになります。それ（宗教的権威を傷つけること）こそが実は、江戸幕府の宗教政策の狙いだったのです。

❦葬式は、インドでは世俗の職業ですから、出家者であるサンガは関与しなかった。釈尊の葬式も、在家の信者が行なっています。仏塔も、サンガと関係のない場所にあり、在家の人びとが管理していました。中国でも、葬式は儒教や道教のやり方で行ない、仏教は関与しません。

日本でなぜ仏教が葬式に関与するようになったのか。おそらく、死の穢れの感覚が、関係しています。仏教は合理主義なので、霊魂の存在も信じないし、死者を恐れない。それなら、葬式を彼らにやってもらおう、ということになったものと思われます。江戸時代になって、檀家の葬式は、僧侶の独占事業になりました。なお、高価な戒名をつける習慣が普及するのは、檀家制度が崩れはじめた戦後のことで、ごく最近の現象です。

江戸幕府は日本人全員に、許可された宗派の仏教徒であることを義務づけました。（仏教のほかに、神道も許されていました。）天皇も、例外ではありませんでした。天皇家には、仏壇があって、歴代天皇の位牌が祀られていました。これは具合がわるいというので、明治維新のときに片づけられました。勅願寺《ちょくがんじ》が各地にあったのですから、天皇家が仏教徒なのは、実は明らかなことです。

富永仲基の大乗非仏説論

全体として低調だった江戸時代の、注目すべき学問的業績として、**富永仲基**《とみながなかもと》（一七一五―一七四六）の『**出定後語**《しゅつじょうこうご》』をあげておくべきでしょう。

富永仲基は、大坂の懐徳堂グループ（民間の知識人たち）に連なる人物です。彼は、商人の息子でしたが病弱のため、土蔵に入って読書しながら成長しました。そこに漢籍や仏典が多くあり、やがて大乗経典はすべて後世の述作で、釈尊の真説ではないという仮説に到達します。すでに存在する経典の逆、逆を上塗りしていく「加上」の原理によって、経典を残らず整理することができます。以上をのべた書物が、『出定後語』です。そのあと富永は病をえて夭折します。

これは、天台以来の教相判釈の発想を覆す科学的な考察で、欧米の近代仏教学の内容を先取りしたものです。しかし、当時の仏教界がこれを黙殺したのは残念なことでした。

廃仏毀釈

江戸時代までの常識では、本地垂迹説《ほんちすいじやく》*の影響もあり、神と仏はあまり区別されていませんでした。寺と神社も同居していました。

明治政府は、尊皇思想を徹底させるため、神仏分離令を出し、寺と神社のどちらかになるように指令しました。民衆の暴動である**廃仏毀釈**《はいぶつきしやく》が起こり、寺が襲撃されて仏像が破壊されたりしました。国民の意識を覚醒させるための、ショーの要素もあったのではないかと思います。

江戸幕府の圧迫がなくなったので、日本の仏教は元気を回復したかと言うと、そんなことはなく、日本の近代化の過程でほとんど何の役割も果たしていません。じつに残念なことです。

本地垂迹説：神仏習合思想。法華経の「法身仏＝本地、釈迦＝垂迹（あとを垂れる）」という考え方を拡大解釈し、「インドの仏＝本地、日本の神＝垂迹」と説く。神前読経が行なわれ神宮寺が建てられるなど、神仏同体の説も起こった。

参考文献

鎌田茂雄『中国仏教史』(岩波全書310) 岩波書店　一九七八
辻善之助『日本仏教史之研究』金港堂書籍　一九一九
辻善之助『日本仏教史之研究(続編)』金港堂書籍　一九三一
水田紀久・有坂隆道校注『富永仲基・山片蟠桃』(日本思想大系43) 岩波書店　一九七三
島田裕巳『戒名』法蔵館　一九九一

column

戒名なんていらない

戒名とはなんだろう? 値段も高くて頭痛の種ですね。実は調べてみると、戒名は日本の、ごく最近の習慣で、本来の仏教にはそんなものはないのです。

戒名にはまず、その規定がない。小乗にせよ、大乗にせよ、仏教の原理原則は、経典か、律蔵か、論蔵に明記してあるはずです。ところが大蔵経をいくらひっくり返しても、「在家の信徒が死んだら戒名をつけてもらいなさい」とはどこにも書いてないのです。

その昔インドでは、出家得度して仏弟子になる際、世俗の名前(俗名)を捨てて、僧侶としての名前(法名)をつけました。オウム真理教が、アーチャリーとかインド風の名前をつけていたのは、その真似です。中国では法名も、玄奘とか、曇鸞などと、中国流に漢字でつけます。日本の僧侶も、漢字の法名を名乗ります。法名は、生きているうちにつけなければ意味がない。戒名は、死んでからつける。しかも「××院××居士」などとなっているでしょう。居士は「在家の男性」の意味ですから、こんな名前はつけるだけ無駄です。

戒名の値段は、戦後値上がりしました。檀家制度が壊れて、経済的に成り立たなくなった寺院が、葬式のチャンスに、過去何十年分の費用をまとめどりする……戒名の社会的機能はこんなところです。仏教の誤解と堕落の産物と言えましょう。

（島田裕巳『戒名』法蔵館も参照のこと）

講義9　儒教とはなにか

孔孟の思想・朱子学

日本では、孔孟《こうもう》思想として知られる儒教。江戸時代には官学となり、孔子の『論語』は今も読み継がれています。儒教といえば、なんとなくわかっているような気がする。しかし儒教の本質は、中国独特の思想です。まず中国とはなにかについて、理解しておくべきでしょう。

キーワード　礼、徳治主義、士大夫《したいふ》、天命、易姓革命、四書五経、理／気

中国社会の基本構造

中国は、単一民族ではありません。中国を、日本のようなひとつの国と考えるより、一個の世界と考えるべきです。それに匹敵するのは、ヨーロッパでしょう。ヨーロッパは、地中海とアルプス山脈に隔てられて、民族統合が進みませんでしたが、文化的にはキリスト教という共通項をもっています。いっぽう、大平原で移動の自由な中国は、儒教を軸に多くの民族が融合し、漢民族（中国人）を形成しました。

儒教の根本は、**差別道徳**です。中国は、底辺における宗族《そうぞく》（父系の血縁集団）、頂点における官僚機構の、二種類の人間関係からなります。**修身**→**斉家《せいか》**→**治国**→**平天下**という順序は、

宗族のうえに集権的な国家機構が位置する関係を表しています。親を大事にし、そのつぎに兄弟や身内、それから他の人びとに及んでいく差別的な儒教道徳は、こうした社会構造と調和しています。戦乱の続く中国では、宗族は安全のために不可欠なのです。

❀儒教は、宗教なのでしょうか？

それは、宗教を、どう定義するかによります。

宗教を狭くとらえ、神を信じるのが宗教だとするなら、儒教は宗教ではない。むしろ、政治です。儒教は神に関心を持ちません。

でも、ある社会の人びとが、なにを考えなにを信じて、その社会を支えているかという観点から見てみると、確かに儒教は、中国社会の価値観の骨格をなしている。ほかの国でいえば、当然、宗教です。宗教の社会的役割は、人びとにとって価値の根拠となること、人間の行動に指針を与えること、人びとの世界観を供給して社会がうまく運行するように社会構造を支えること。ですから、中国では、儒教が、宗教としての社会的役割を果たしていると言えます。

儒教はどのように、できあがったのか？

中国にもともとあった宗教は、祖先崇拝だと考えられます。

祖先崇拝とは、父親が偉い、お祖父さんはそれより偉い、ひいお祖父さんはもっと偉かった、というふうに子孫が上の世代の人びとを記憶する。そして、そういう祖先をもつから自分たちも偉くて正しいと考える。そうやって団結し、自分を守るのです。ある血縁の範囲の人びとが、共通の祖先をもつことで団結し、共通の利害をもつ。祖先崇拝は、人間関係を作りだすことができるのです。日本人は、祖先崇拝の考えが弱いので、この点が十分に理解できませんが、中国の祖先崇拝は、厳格で強固です。儒教だけでなく、道教やそのほかの中国の思想も、やはり祖先崇拝を前提にしています。

中国は、まったいらな平原です。異民族が侵入すれば、さえぎるものがない。洪水になれば、土地の境界もあいまいになる。所有権も、不動産も、頼れないのです。とすれば、土地を離れて命からがら、逃げ出して生き延びるのに役に立つものは、とりあえず貴金属ですが、なんと言っても人間関係。親戚なのです。セキュリティのために、どうしても祖先崇拝は必要なのだと言えます。

宗族は、**父系血縁集団**（patrilineal descent group）です。日本にはないので理解しにくいですが、祖先崇拝を行なう数百〜数万人規模の集団と考えてください。中国では血縁関係が強力です。強力すぎて、それと官僚機構を絶縁するため、**科挙**《かきょ》＊や**宦官**《かんがん》＊が導入されました。そのどちらも日本に入りませんでしたが、それは日本に宗族がないからです。

❦宗族は、人類学の用語でいえば氏族（clan）です。同じ祖先をたどることのできる、数千から数万人の集団をいいます。父方をたどる父系の氏族、母方をたどる母系の氏族、などがあります。宗族は、父系の氏族で、同じ姓（王、周、張、劉……）をなのります。生まれてからいままで会ったことがなくても、親戚とわかるところっと仲良くなったりするのが、中国の宗族です。

都市国家から帝国へ

儒教は、古代中国の戦乱の時代に生まれた思想です。その社会背景を理解しましょう。

中国の歴史は、**漢民族**が周辺民族を同化し、膨張していく過程です。中国で最初に都市国家が現れたのは、黄河の上流域。以後、千年以上をかけて、それが華中→華南に拡大していきました。華南の米作文化は、城壁をつくる習慣がなかったのです。

殷《いん》の遺跡は、巨大な城壁と祭儀場で特徴づけられます。城壁は版築《はんちく》（粘土を練り固めた煉瓦）で作ります。それに代わった周《しゅう》（もとは殷に同化した西方の遊牧民）は、王族がトルコ系、民衆はチベット系だったらしく、王と諸侯（王の一族や有力氏族）が要塞都市を約一〇〇〇

科挙：隋から清まで約一三〇〇年にわたって行なわれた中国の官僚登用試験。宋の時代に完成した。儒教の古典から出題する。一九〇五年廃止。
宦官：去勢された男子で有力者に仕えるもの。エジプト、メソポタミア、ペルシャなど古代東方諸国から、ギリシャ、ローマ、イスラム世界に広がる。中国では春秋戦国時代に現れ、しばしば権力を握って、後漢、唐、明の滅亡の一因となったといわれる。

建設しました。大きな都市は城（内側）、郭（外側）の二重の城壁をもち、国／都／邑《ゆう》の序列がありました。社会制度は**封建制**で、都市は封土（諸侯に与えられた土地）をもちます。ほかの都市は王が同族を派遣して治めさせましたが、やがて諸侯化します。社会階層は、王・諸侯と貴族（その血縁者）／庶民（農民・職人・商人）／国人（被征服民）／野人（都市外に住む）のように、複合的でした。都市国家はその周辺を治めるのみで、あとは原野が広がっていました。周も、祭政一致によって統治されていました。

❦祖先崇拝をするグループが、平原のあちこちでにらみ合っているのでは、広大な中国を安定させることはできません。そこでそれらを統治する、支配者階級が現れます。まず、都市国家の登場。都市国家は、武装し、互いに同盟します。このプロセスは、世界中同じです。都市国家連合の頂点に立つのが、王（諸侯）で、彼らは近隣の都市国家を、兄弟や親戚や配下に統治させます。戦争の結果、奴隷階級も生まれます。彼らは支配者階級の手足となって、都市国家を支えます。いっぽう一般民衆にとっては、戦争の機会に手柄をたて、高い地位にのぼって有力者になるというチャンスも生まれます。戦争は、できかかった社会秩序をくつがえし、社会を流動化させるひきがねとなりました。

新興階級の台頭

春秋→戦国にかけて、大きな社会変動が起こります。都市国家が崩壊し、より広い範囲で統合され、領土国家→帝国（秦・漢）が成立していきます。戦闘方法も変化し、都市内に「里《り》」という単位で住んでいた農民は、氏族的に結束し、「士」と称して戦争に参加しました。歩兵が増加（野人も参加）し、騎兵軍団も登場します。それにともなって、貴族が没落し、新しいタイプの**士人**が登場します。**孔子**もこの階層の一員でした。彼らは周初の「天」のイデオロギーを再評価する新思潮を信奉するようになりますが、これが儒教でした。

❀儒教は後述するように、祖先崇拝（孝）と、支配者への服従（忠）と、ふたつの論理を含みます。もっとも、支配者自身も祖先を崇拝するので、どちらが根本かと言えば祖先崇拝です。この祖先崇拝の考え方を徹底させると、祖先の祖先の、そのまた祖先……の大昔に、すばらしい理想の政治家がいた、という話になります。たとえば、尭《ぎょう》、舜《しゅん》、禹《う》などの伝説の王。

伝説の時代、政治家の地位は、禅譲《ぜんじょう》（人材抜擢の論理）で受け継がれたとされます。政治家としての資質・ノウハウと、血縁とは、無関係だという認識が示されています。

伝説の時代をさらにさかのぼり、三皇五帝などの神話的支配者。もっとさかのぼれば、究極の支配者、天帝にたどりつきます。天は、すばらしい発明でした。天が発明される以前、孔子は具体的に、周の文王《ぶんおう》、伯夷《はくい》・叔斉《しゅくせい》など、歴史的人物を理想の政治家にあげていました。しかし歴史的な人物では、批判にさらされ、論争のたねになります。天となれば、もうその先はない。天は、歴史的な人物ではない、絶対の支配者です。政治家は、天の任命を受け、天から政治のノウハウを授けられて政治を行なう。儒教にもとづく中国の政治家は、天を崇拝し、天を絶対化することで、天を絶対化する自分を絶対化することができました。自分は天子、皇帝として君臨するわけです。

単なる祖先崇拝は、子孫が祖先をうやまうだけです。支配者の祖先は、人民の祖先とは違いますから、何の関係があるかという話になってしまいます。しかし、天と天子のあいだに、血縁関係はありません。支配者にとって、天は天。人民にとっても、天は天。中国にはひとつの天しかない。統一国家の統一権力を可能にする仮設構成体（フィクション）が、天です。祖先崇拝を下敷きにしつつ、一歩抜け出ている。天の思想は、祖先崇拝をたくみに転轍した、儒教的イデオロギーなのです。

当時の中国は、奴隷制で、諸侯は家内奴隷を抱えていました。男性の家内奴隷を臣《しん》、女性を妾《しょう》といいます。諸侯の家内奴隷は、次第に側近と化し、権力をふるい始めます。すると奴隷でないのに、自発的に臣になろうとする者も出てきますが、これを官といいます。新しいタイプの士人は、こうした人びとでした。彼らは、宰相（周公旦《しゅうこうたん》）を美化して理想とし、血縁にもとづかない（教育にもとづく）人材抜擢が国家を強化すると主張します。いっぽう**大夫**は、新興地主で、士・大夫の両階層が台頭していったのでした。

❦当時の奴隷は、社会の最下層の存在とは限りません。

奴隷は、主人の所有物です。自由人ではないから、完全な権利の主体ではない。けれども、主人が偉ければ奴隷も偉いのです。現在でも、大金持ちのペットが、ホームレスよりいい生活をしているなんて、ありそうなことでしょう。ペットは主人のためになにもしないが、奴隷は主人のために一生懸命つくすとなれば、もっと可愛いはずです。そこで、主人からプレゼントをもらって、身分は奴隷のままでも、大金持ちになる場合もあった。

中国の皇帝と臣下の関係は、ヨーロッパの皇帝や王と家来との関係とは違います。ヨーロッパの主従関係は、封建契約によりますから、対等な人格であることを前提に、条件つきで服従の契約を結ぶ。契約ですから、破棄することもありえます。これに対して中国の場合、臣下には人格の独立がないのだから、皇帝に服従しないでよいという選択がない。

いっぽう、中国の身分制は、インドのカースト制ほど固定的なものでもない。素性のわからない人間でも、農民反乱のリーダーとなって政府軍を打ち倒し、部下に推戴されれば皇帝となることもできます。

孔子の生涯

中国史上、最初の知識人・孔子（前五五二―前四七九）は、こうした時代に出現します。彼は、姓は孔、名は丘、字《あざな》を仲尼《ちゅうじ》。春秋時代の末期、魯《ろ》（現山東省）の曲阜《きょくふ》に生まれます。

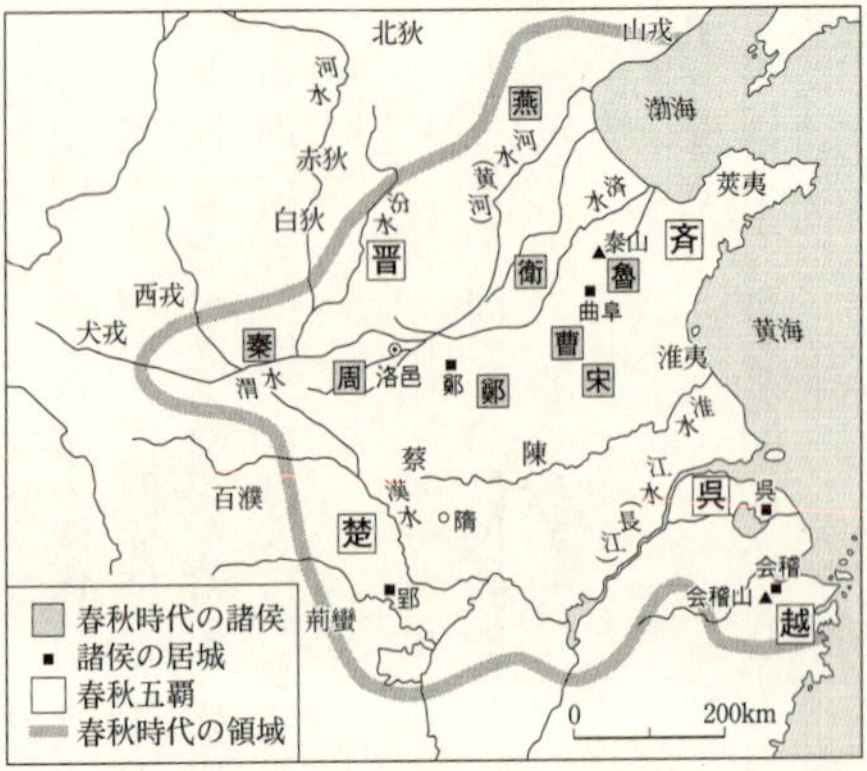

孔子の時代（春秋時代）の中国

魯は、周の建国の功臣・**周公旦**の子が興した国でした。父は叔梁紇《しゅくりょうこつ》、母は顔徴在、父は士の身分でしたが、二人は結婚していませんでした。孔子は子供のころから苦労し、さまざまな職を転々として育ちます。青年時代、下っ端の役人（倉庫、牧場の番人）になります。二〇歳の頃結婚、息子の鯉が生まれます。三六歳のとき、魯の昭公が亡命するのに従って、特に家臣ではなかったのですが、斉国に随行します。のち帰国、孔子学団を形成します。息子の鯉もやがて死に、孔子五二歳のとき魯の官僚になります。外交で一定の成功を収めるものの、国内改革を試みて失敗、挫折します。そののち魯を去って衛に、さらに曹→宋→鄭→陳→衛→陳→蔡→楚→衛をへて、魯に帰国します（五六〜六九歳）。途中、反対派に襲われて殺されそうになったり（陳蔡の難）、帰国直前に弟子の顔回が死んだりなど、苦難が続きます。多くの弟子を指導しつつ学問を続け、哀公一六年の四月、七四歳で病死しました。

❦孔子の父親は、農民兵の隊長のようなことをやっていましたが、若くして亡くなっています。両親は正式な結婚をしていなかったようなので、叔梁紇が本当に父親であるかどうかもわからない。祖先崇拝を重視する社会では、困った立場です。孔子は若いころ、就職しようと思ってうまく行かず、さんざん苦労したようですが、こういう家庭背景も関係あったかもしれない。厩番など小さな仕事を転々とし、大臣になろうとしても成功せず、浪人していました。孔子は、祖先崇拝を強調しますが、自分自身は血縁を頼りにできず、教育を唯一の武器に身を立てるしかなかった。教育によって人材を登用すべきだという主張が、当時としては新しい考え方でした。

孔子が試みた国内改革は、合理的な政策です。中国の生産力の根幹は農業。農業の基盤は家族なので、そのためにも祖先崇拝を重視しないといけない。家族制度をしっかり運用して、農業生産性をあげる。それには、税負担が重すぎてはいけない。そのほうが、長い目で見て、多くの税収があがる。そういうアイデアでした。しかし孔子の提案は採用されず、亡命の旅に出ることになります。

孔子の業績

孔子の最大の業績は、古い文書を編纂し儒教の古典として残したことです。

儒教の古典を、**四書五経**《ししょごきょう》と称しますが、これは後代の朱子による呼び名。五経をすべて孔子が編纂したと伝えられていますが、事実ではありません。まず易経は、八卦《はっけ》占いのやり方がまとめてあり、春秋・戦国期に行なわれていた占いの集成です。書経は、王たちの公的言辞の集成で、古文は魏・晋代の偽作、今文《きんぶん》は戦国後半期に編纂されたものとみられます。詩経は、祭祀などの折に歌う歌詞を集めたもので、後世、孔子学派の人びとに蒐集されたものです。礼記《らいき》は、儀式の次第書きで、周礼は漢代の作、礼記、儀礼も孔子以降の作とみられます。春秋は、魯の古記録にもとづいて歴史を記したもので、戦国時代、孟子《もうし》などの手で採用されたといいます。いずれにせよ、こうした編纂事業は孔子が先鞭をつけたもので、慣例を示す多くの事例が蒐集されました。

もうひとつの業績は、弟子の教育です。彼らを官僚として諸国に売り込むため、孔子は弟子たちに文字、言語、朝儀、礼法、音楽、弓術などを教え、学校は職業紹介所も兼ねました。礼とは、政治制度の意味で、こうした共通項がないと、民族・出身・文化的背景がまちまちな当時の官僚は、統制がつかないのでした。

❦教育といっても、目の玉の飛び出るような費用がかかります。まず当時、書物はたいへんに高価だった。だから孔子のもとに弟子入りしたのは、親や親戚から金をかき集めた、野心のある若者たちだったと思います。教育さえ受けられれば、身分に関係なく、誰にでも官僚となる道が開けました。能力主義、実力主義の時代が始まっていました。

孔子の思想

日本でなじみの深い**論語**は、弟子がまとめた孔子の言行録です。學而《がくじ》篇〜堯曰《ぎょうえつ》篇まで二十篇あり、三系統のテキストを合体したもの。その中心思想は**仁**、すなわち、忠恕《ちゅうじょ》（まごころと思いやり）をともなった人間らしさの徳を説くものです。支配層の政治的努力と倫理性（仁）によって、安定した国家経営が実現できるという**徳治主義**の主張が、儒教の根本です。さらに儒教は差別道徳の立場に立ち、家族や血のつながりを大事にしますが、これは**墨子**《ぼくし》*の**兼愛説**（不特定の人に対して奉仕しよりよい関係を作ることを強調する説）や楊朱《ようしゅ》*の自己愛説（人間は自分しか愛せないというリアリズム）に対立します。さらに孔子は、「述而不作（のべてつくらず）」とする**伝統主義**の立場も強調します。述べるとは、先輩から教わったままを伝えること。これを**先王の道**と称します。新興の士階級でも、こうした伝統的支配者の文化を身につけられるとした点が、革新的なのでした。

儒教が中国の正統思想となったのは、政治がよければすべてが解決するという**政治万能主**

墨子（前四七〇頃—前三九〇頃）：戦国時代の思想家。墨家の祖。儒家に学ぶが、のちに仁を差別愛として博愛の思想、兼愛説を説き、平和論を唱えた。
楊朱：戦国時代の思想家。墨子の兼愛説に対し、個人主義的な自己愛説を主張。色・食の欲望を自己の生命と不可分なものとして肯定、孟子らから排撃された。

義にありました。孔子は「怪力乱神を語らず」とのべ、死後の世界や超常現象について発言しませんでした。中国では、人間関係がすべてです。**祖先崇拝**は、確定した過去の人間関係によって、不安定な現在の人間関係を整序しようという試みと理解できます。聖人（古代の政治家）を理想化するのも、同じ伝統主義の現れだと考えられます。

❦孔子は、祖先崇拝が、社会の安定要因として不可欠だと直感していました。

支配者の一族は、その地位を、祖先崇拝で代々世襲する。官僚に成り上がった人びとも子孫に、それなりの地位を継承させる。一般の人びとは、宗族の内部で、土地や社会的地位を安定的に継承していく。

もっとも、これが行きすぎると、社会が安定しすぎ、固定化してしまいます。流動性がなくなる。そこで儒教は、最終的に、試験（科挙）によって官僚を登用するというシステムに落ちつきました。どんな出身の人間でも、教育さえ受ければ、官僚となり、皇帝の手足となって働くことができる。

安定性と流動性を組み合わせたうまい仕組みと言えますが、これを運用すると、困ったことに、だんだん官僚制が肥大し、都市人口が増えて、税金が重くなります。官僚の子どもが官僚になる。有能な人材も官僚になる。すると官僚が増えて、農村が疲弊する。ついには農民が怒って逃げ出し、暴れ出す。だいたい三〇〇年ぐらいたつと、こうして前の王朝が倒れ、つぎの王朝に代わる。中国の歴史では、これが繰り返されることになります。

（以上の循環メカニズムは、金観濤《ジングアンタオ》・劉青峰《リュウチンフエン》『中国社会の超安定システム』研文出版、に詳しくのべてあります。）

儒教のテキストについて

ここで儒教のテキストについて整理しておくと、もっとも権威の高いテキストは経で、「孔子以前から存在していた古典で、孔子の手によって編纂されたもの」です。これにつぐランクの伝は、「孔子自身、及び孔子以後の学者の所説」です。これら経伝の欄外に附せられた第一次的な解釈を、注といいます。注をさらに解釈し、必然的に経伝の本文にも及ぶ第二次的な解釈を、疏《そ》といいます。これらは論理的で、問答体のものもあります。

漢代の五経は、**易**・**書**・**詩**・**礼**（儀礼）・**春秋**（経文のみ）を指しました。論語は伝のひとつです。唐代の五経は、毛詩・尚書・周易・礼記・左伝で、これに儀礼・周礼・公羊《くよう》伝・穀《こく》梁《りょう》伝を加えて九経ともいいました。宋代の十三経は、易経（周易）・書経（尚書）・詩経（毛詩）・周礼・儀礼・礼記・春秋左伝・春秋公羊伝・春秋穀梁伝・論語・孝経・爾雅《じが》・孟子をいいます。朱子学は四書五経を掲げましたが、ここで四書とは**論語**・**孟子**・**大学**・**中庸**をいい、後の二書はもともと礼記の一部が独立したものです。

孟子の生涯

孟子（前三七〇？—前二九〇？）は戦国時代、鄒《すう》の国（現山東省）に生まれました。姓は孟、名は軻《か》、字は子車といいますが、生い立ちも青年時代もはっきりしません。三十代、孔子の孫弟子に儒教を学ぶいっぽう、淳于髡《じゅんうこん》の弁論術、宋銒《そうけん》、尹文《いんぶん》ら原始道家の思想、墨子の実用主義、楊朱の自愛説（感覚論的個人主義）など、諸子百家思想の影響を受けました。順次、梁の恵王→斉の宣王→滕《とう》の文公の国政顧問となり、**井田制**など自らの政治思想の実現に努力しますが、果たさぬまま引退して死亡します。子供のころ、墓場の裏→市場の脇→学校の隣に引っ越したという孟母《もうぼ》三遷《さんせん》の故事は伝説（作り話）です。『孟子』は、古くは孟子の著作と信じられましたが、弟子や孫弟子の記録を編集したもののようです。

孟子の思想

当時、農家の許行《きょこう》が、分業を廃止する理想主義的な平等社会論を唱えていました。孟子はこれに反対、**分業肯定論**を唱えます。自給自足は反時代的で非現実的だとし、尭、舜の時代から大人（統治者）と小人（被統治者）の基本的分業が確立していたと主張します。

また孟子は、孔子の王道思想を継承します。王道は、孔子の仁愛を政治に拡張したもので、覇道に反対するもの。孔子は周の**文王**、**武王**、**周公旦**を理想化しましたが、**墨子**は夏の禹王の黄河治水の事績を理想化しました。孟子はさらに古く、**尭**、**舜の道**を説きます。尭、舜は禅譲しましたが、禹以降は世襲となりました。孟子の人間観は**性善説**で、性（先天的な人間固有の能力）を善と考えます。これは**荀子**《じゅんし》*の**性悪説**に反対するものです。性善説が発展して、仁義礼智の「四徳」となります。制度論としては、井田制を唱えました。これは、九〇〇畝を八家族に分割、中央の公田を共同耕作して租税とするという農地均分制です。当時は実現しませんでしたが、そのアイデアが隋唐時代の国家政策に採用され、日本にも班田制として伝わりました。

孟子の思想でもっとも論争の種となったのが、**湯武**《とうぶ》**放伐**《ほうばつ》**論**（＝**易姓革命説**）です。殷の湯王が夏の桀王《けつおう》（&末喜《ばっき》）を、周の武王が殷の紂王《ちゅうおう》（&妲己《だっき》）を討って、新王朝を興したことの正統性をめぐる論争があります。**伯夷・叔斉**の兄弟は、殷末の孤竹君《こちくくん》の子で、ともに位を譲って亡命し、文王に仕えましたが、文王の子武王が紂王を討ったのに反対し、首《しゅ》陽山《ようざん》に入って餓死した記事が論語にあります。孔子はこの兄弟を絶賛しました。しかし孟子は、失徳の君主は**天命**を失ったのだからもはや天子でなくただの暴君であり、討ってよいという湯武放伐論を唱えました。これがのち、朱子学の正統説となります。日本の**尊皇思想**は次の章でのべますが、湯武放伐論を否定し君主（天皇）への絶対的忠誠を唱えるところから

荀子（前二九八頃―前二三五頃）：戦国時代の思想家。孟子の性善説に対し性悪説を唱え、一方王道に基づく侵略論を展開するなど、儒教を倫理学から政治学に発展させた。

出発しました。孟子は明治維新の源泉のひとつなのです。

❦孟子が試みた国内改革は、「儒教社会主義」とも言うべきものでした。

孟子は、土地は国家のものだ、だから、班田収受（農民に分配して回収する）すればいい、という土地均分のアイデアをもっていました。

日本は、律令制を採用した際に、このアイデアも受け入れ、日本中の土地は天皇のものだと考えました。ところが実際には、領主や大名が出てくる。彼らに年貢を納めなければならないのはおかしい、という感覚が農民のあいだに残りました。明治維新が成功したのも、農民のこうした感覚に支えられてのこと、つまり、遠くさかのぼれば、孟子の思想の影響なのです。

中華帝国の成立と儒教

中国を最初に統一した秦の始皇帝は、儒教でなく法家の思想を重視しました。焚書坑儒《ふんしょこうじゅ》の弾圧が有名ですが、漢代になると儒教も復興し、法家の思想と混淆しながら、中華帝国を統治する思想に再編成されていきます。

❦法家は、刑法を核にして社会秩序を創出しようという思想です。

中国では、法律は、支配者（皇帝）の命令です。

ところが、祖先崇拝を行ない、血縁を重視して社会を運営していると、法律は十分に機能しません。まず、有力者の身内を処分するのが、むずかしい。法律を適用しにくい。支配者（皇帝）自身やその身内となればなおさらです。法による統治は、斬新で画期的な考え方ですが、法家の場合は不徹底で、支配者には法の効力が及びませんでした。この点、ローマ法や、その流れをくむ西欧の民主主義とは違います。

儒教は、徳や礼を重視し、法よりも慣習によって統治しようとします。しかしそれは理想論で、現実には犯罪に対処しないといけません。そこで、法家の考え方も、取り入れたほうがよい。秦は、法家を重視し、儒教を弾圧したために、十数年しかもたなかった。むしろ、儒教と法家の両方の論理を、あわせて国家を運営すべきだ。秦の統一帝国を継承した漢は、そのように考えたと思います。

儒教の考えは、徳による支配ですから、支配者がしっかり行動していれば、ほかの人びとの行動も正しくなると考える。しかし、いったいどうやって正しくなるのかというプロセスの論理がなく、マニュアルもありません。法家は、法律というかたちで、そのマニュアルを用意します。儒教と法家が結びつくことで、強力な統治のツールが生まれました。

隋唐時代、儒教は正統思想の中心に位置しましたが、仏教や道教の勢力もあなどりがたく、土地所有に基礎をおいた世襲大貴族も強力でした。貴族制が解体し、皇帝を頂点とする絶対主義的な官僚制が完成するのは、宋代です。このときに完備された科挙の制は、清末までの中国に圧倒的な影響を及ぼします。とくに明代以降は、朱子学の解釈に従って科挙の問題が出題されるというかたちで、朱子学が正統とされ、思想が統制されました。

朱子と朱子学

朱子（一一三〇―一二〇〇）は、宋代の儒学者で、姓は朱、名は熹《き》、尤渓県《ゆうけい》（福建省）の生まれ。父は高級官僚で、本人も科挙に合格、役人を務めたのち任期満了で帰郷、実質的な年金生活とも言える祠禄《しろく》の官となります。弟子を教えつつ勉学・著述に励み、『通鑑綱目』『近思録』や四書の注解を多く著しました。

朱子の興した**朱子学**は、唐代以降科挙にともなって出現した**読書人層（士大夫）**の思想的勝利の宣言とも言えるものです。士大夫は、土地を所有していないが国家中枢を占められるというのがその主張で、道教・仏教（禅宗）や、門閥貴族・地主と対立する考え方です。朱子学は、絶学となっていた孔子・孟子の道を再建するという正統性を正面に掲げ、四書→五経→道学という教育メソッドを確立しました。朱子学は、元代に科挙に採用されてから六〇〇年間にわたって、中国の正統思想の地位を占めます。

『**近思録**』は、北宋の四氏（周濂渓《しゅうれんけい》、程明道《ていめいどう》、程伊川《ていいせん》、張横渠《ちょうおうきょ》）の著述の抜粋を編集した道学の入門書。大学章句、中庸章句、論語集注《しっちゅう》、孟子集注は四書の注解。朱子語類は弟子の編んだ朱子の全集です。

朱子学と理／気の思想

朱子学は、天（宇宙）の実態について思索を重ねて、**太極**（もはやその先がない究極の理＝一気）→陰陽→五行（木・火・土・金・水の五大元素）→万物化生、という宇宙生成の仮説を体系化しました。ここで気とは、宇宙に充満するガス状の連続的物質（エーテル？）をいい、それが物を形づくる基体物質で、同時に生命の根源でもあるといいます。これによって従来の儒教の概念を解釈すると、命＝天の賦与する行為、ないし、天が賦与したもの、性＝天に賦与された理、仁義礼智＝性の具体的内容、情＝心の奥にひそむ性が外物と接触するときの動き、などと体系的に整理できるのでした。このようにして士大夫の、統治階級としての正統性を弁証することができます。

参考文献

大室幹雄『劇場都市――古代中国の世界像』三省堂　一九八一…博学多識の蘊蓄
宮崎市定『論語の新研究』岩波書店　一九七四…当代一流の学者の分析の切れ味
宮崎市定『現代語訳 論語』岩波現代文庫　二〇〇〇
戸川芳郎・蜂屋邦夫・溝口雄三『儒教史』（世界宗教史叢書10）山川出版社　一九八七
貝塚茂樹『孟子』（人類の知的遺産9）講談社　一九八五
三浦国雄『朱子』（人類の知的遺産19）講談社　一九七九…叙述明快でなかなかの好著

山田慶児『朱子の自然学』岩波書店　一九七八…自然科学者としての朱子を描いた名著
小室直樹『小室直樹の中国原論』徳間書店　一九九六
橋爪大三郎『隣りのチャイナ』夏目書房　二〇〇五

column

論語

儒教と聞くと、日本人がまず思いうかべるのは、『論語』（孔子の言行録）です。ということは、それ以外の経典はほとんど読まないということです。そして『論語』でさえ、ちゃんと読んでいるかどうか怪しい。儒教のテキストは、二千年以上も昔の、中国が舞台です。それを、時代も文化もまったく異なるいまの日本人が読むのですから、どうしても誤解する。当時の現実を踏まえた、活き活きとした思想として味わうのは簡単でありません。

その点、宮崎市定『論語の新研究*』（岩波書店、一九七四）はすばらしいと思います。以下にそのサンプルをお目にかけますが、宮崎博士の訳文は学術的に厳密・正確で、しかも、『論語』が当時果たした役割をぴしゃりと再現しています。これこそ、学問です。

28　子曰。君子不器。

(訓)子曰く、君子は器《き》ならず。

(訳)子曰く、諸君は器械になって貰っては困る。

82
子曰。君子喩於義。小人喩於利。
訓 子曰く、君子は義に喩《さと》り、小人《しょうじん》は利に喩る。
訳 子曰く、諸君は正義に敏感であってほしい。利益には鈍感な方がよい。

84
子曰。事父母幾諫。見志不従。又敬不違。労而不怨。
訓 子曰く、父母に事うるには幾諫す。志の従わざるを見ては、また敬して違わず、労して怨みず。
訳 子曰く、父母に意見するには遠まわしに言うものだ。言うことが聞きいれられなくても、そっとしておいて反抗するな。そのためいやな用事ができても不服そうな顔をするな。

193
子曰。民可使由之。不可使知之。
訓 子曰く、民は之に由らしむべく、之を知らしむべからず。
訳 子曰く、大衆からは、その政治に対する信頼を贏《か》ちえることはできるが、そのひとりひとりに政治の内容を知って貰うことはむつかしい。

417
子曰。有教無類。
訓 子曰く、教えありて類なし。
訳 子曰く、人間の差違は教育の差であり、人種の差ではない。

人類の歴史とともに読みつがれたテキストを、いまあらためて再発見する。それが、宗教を学ぶ大きな楽しみです。

＊本書の一部が『現代語訳 論語』（岩波現代文庫 二〇〇〇）に収録されている。

講義10　尊皇攘夷とはなにか

山崎闇斎学派と水戸学

日本史で、「徳川幕府は儒教を官学とした」と習ったはずです。なんとなく、当たり前のような気がします。しかしよく考えてみると、これは変だ。武士と儒学くらい、ミスマッチな組み合わせはないのです。また、もし日本が儒教国家だったら、「万葉集」も「源氏物語」も発禁です。「源氏」は天皇の祖先の物語ですから、儒教の原則に外れたことばかりしていた天皇は否定されなければなりません。

なお本章は、山本七平『現人神《あらひとがみ》の創作者たち』の所論を、大いに参考にしました。

キーワード　崎門《きもん》の学、朱舜水《しゅしゅんすい》、『靖献遺言《せいけんいげん》』、浅見絅斎《あさみけいさい》、水戸学、尊皇攘夷

江戸幕府はなぜ儒学を採用したか

儒学は、中華帝国の正統思想。なかでも、宋の時代に起こった朱子学は、古典の新解釈と哲学的な宇宙観とを結合した、当時の最先端思想でした。朱子学の根本は、儒学の古典を学び徳を身につけた**読書人階級**（**士大夫**）が、官僚となって政治を行なうというもの。幕府は明の真似をして、朱子学を公認し、日本国家の指導原理としました。

徳川三百年の平和は、**元和偃武**《げんなえんぶ》のおかげでした。もともと対立関係にあった大名の抗争を禁止し、城郭も一国一城に限って、現状を固定したのです。武力行使を許さず、幕府の権威を確立することが、朱子学に期待されました。しかし武士は、読書人階級ではありません。科挙ではなく、武力で支配権を手にしたにすぎません。そういう支配を、朱子学では**覇道**といい、儒教の正統な統治形態（**王道**）ではないとします。

幕府の狙いは、朱子学を絶対とし、朱子学を絶対とする幕府を絶対化することでした。朱子学には、統治の正統論があります。天皇から、征夷大将軍に任じられている徳川家が大名たちのなかで特別な位置を占めれば、幕府は安泰となるはずでした。

❖江戸幕府が儒教を押しつけるというのはグロテスク。人民はダブルバインドになってしまいます。儒学の原則に従えば、武士が政権を取っているのはおかしい。武力で政権を取るのは、覇道です。江戸幕府を認めるならば、武士が政権を取っていることを認めなければならないので、儒教の原則を真に受けることが出来ない。儒教によれば、教育によって官僚となり政治をするのでなければおかしい。ほとんど字が読めないような武士は、科挙の制度があっても落第してしまうでしょう。幕藩体制は三百の諸藩が地方自治をすることですから、これも儒教の中央集権制とは全く違う。つまり、江戸幕府にとって儒教は本来、取り入れようのないイデオロギーだったはずなのです。

中国が、夷狄の国となった

ところが間もなく、明が満洲族に侵略されます。朱子学を正統としていた漢民族の王朝が、夷狄《いてき》に征服されたら一大事です。明から何回も救援の要請が来ましたが、幕府が対応に困っているうちに、明は滅亡してしまいました。日本人を母にもつ**鄭成功**《ていせいこう》*が台湾に拠って抵抗し、江戸の人気を博したのもこの頃です。亡命者も多く、なかでも王族の血をひく**朱舜水**《しゅしゅんすい》*という学者は、日本の儒学に大きな影響を与えました。

朱子学はなぜ、正統論をそれほど問題にするのか。それは、朱子学が成立した当時の中国（宋）自体が、存亡の危機にあったからです。宋の皇帝は金に捕らえられ、国土の半分を奪われました。南宋では抗戦派と和平派が対立しましたが、朱子は抗戦派でした。文天祥（宰相）や岳飛（将軍）の活躍も空しく、やがて南宋は元に滅ぼされます。この時代、儒学は「君臣の義」に基づいた、かずかずの英雄的人物を生み出したのです。

朱子学は、政治を絶対化しますが、それは（夷狄の）政権を絶対化しないためです。夷狄や逆臣が政権を取っても、それは「天」の意思（政治の原則）に反すると考える。士は「天」の秩序（君臣の義）を体現した存在ですから、体を張り、勝敗を度外視して、命懸けで原則を貫きます。朱舜水自身、多大の犠牲を払って明の再興のために奮闘しました。最後は日本に永住を決意し、水戸の**徳川光圀**《みつくに》の師となりました。朱舜水が再発見したのが、**楠木正成**《くすのきまさしげ》です。南朝の後醍醐《ごだいご》天皇に殉じて死んだ正成を、朱舜水は朱子学の理想を体現した存在として評価しました。これが、光圀の『大日本史』に影響します。

天皇は中国人だった?!

江戸時代、中国は日本にとって、世界の中心＝憧れの的でした。中国人に生まれなかったことを生涯の不覚と悔しがる儒学者もいました。中国が儒学のモデルとなるのは、ソ連がマルクス主義のモデルとなったり、アメリカが民主主義のモデルとなったりするのと同じです。日本の事情を一切無視して、特定の外国にモデルを求めて憧れる思想を、**慕夏《ぼか》主義**といいます。

中国ではしばしば王朝が交替するのに、日本で天皇の正統な支配が途切れず続いているのはなぜか。それは天皇が中国人だからだ、という説が唱えられました。林羅山*は、「天皇は

鄭成功（一六二四―一六六二）：平戸に生まれ、のち父と福建に渡り明復興運動に参加、大将軍となって「国姓《こくせん》爺《や》」と呼ばれる。海上勢力を統率し清朝に抵抗、台湾に拠って清朝の中国統一を悩ませた。近松の浄瑠璃「国姓爺合戦」は彼に材を取る。

朱舜水（一六〇〇―一六八二）：明の儒者。明の再興運動に失敗し、一六五九年日本に亡命。六五年、水戸光圀に招かれて、水戸藩の学者に儒学を指導し、水戸学の発展に大きな影響を与えた。『舜水先生文集』などがある。

林羅山（一五八三―一六五七）：儒学者。建仁寺の僧だったが、藤原惺窩に師事。家康、秀忠、家光、家綱まで四代の将軍に仕え、朱子学を講じる。朱子学の普及に努める一方、幕政の枢機に関与し、外交文書、諸法度の草案を作成する。上野に家塾を開き、聖堂の起こりとなった。

呉の太伯の子孫である」という南北朝の僧円月の説を紹介し、賛成しています。

このように林家が天皇中国人説をとったのに対し、山鹿素行《やまがそこう》＊は、**中朝論**を唱えました。明が滅亡し、清に支配されて「畜類の国」となってしまったいま、日本こそが儒学の正統だというのです。そこで素行は、日本を「中国」と呼びます。

いっぽう、日本には日本独自の歴史と伝統があるとし、儒学の古典を字義通りに受け取らない**水土論**も行なわれました。代表格は、熊沢蕃山《ばんざん》＊です。彼は大名の求めに応じて、日本の現状に即した現実的な財政改革案・政策提言を行ないました。

⚜中国の思想を理解して一生懸命勉強すればするほど、異文化である中国に対する違和感が高まってくる。そして最後には反感にまでなってしまい、えい面倒くさい、日本人は日本のオリジンに忠実にいきましょうとなって、国学、ナショナリズムになる。異文化を異文化として認識すると、そういう反発力だって生まれるのです。当時は、目の前に生きた中国人がいたわけではないので、本を通じてしか中国を知ることができませんでした。当然誤解もある。江戸中期以降は、朱子学をこれ以上勉強するにも限界があるとして、転換がおこり、思想のフロンティアが別の場所に移ったのです。


ところで、江戸時代の政治体制は、朝幕併存。すなわち、天皇が将軍を任命し、将軍が大名に君臨するシステムです。そして、天皇が正統なので、幕府が正統である、というロジックをとります。それでは、なぜ天皇は正統なのに、権力を持たないのでしょう。

闇斎学派は、幕府の正統性を否定した

江戸時代の儒学（朱子学）は、現政権の正当化を目的としていました。そこで林家も、太宰春台*も、伊藤仁斎《じんさい》*も、中江藤樹《とうじゅ》*も、荻生徂徠《おぎゅうそらい》*も、誰も幕府の正統性を否定しませんでした。

山鹿素行（一六二二―一六八五）：儒学者、兵学者。はじめ羅山に儒学を、のちに兵学を学ぶが、やがて古学を主張して朱子学を攻撃、赤穂に流される。その間に『中朝事実』を著して中朝論を唱え、江戸に戻ってからも武士道理論の建設に努めた。

熊沢蕃山（一六一九―一六九一）：儒学者、陽明学者。中江藤樹に学ぶ。岡山藩主・池田光政に仕え家老となって治績をあげた。のち、儒教、仏教、道教、キリスト教、神道を比較評論、神道に拠る立場を強くする。

太宰春台（一六八〇―一七四七）：儒学者、経世学者。荻生徂徠に師事。経済を道徳に先行するものとして武士階級本位の経済論を主張した。

伊藤仁斎（一六二七―一七〇五）：儒学者。朱子学に疑問を抱き、直接孔孟の思想を学ぶ古義学を主張。京都堀川に古義堂を開き、堀川学派と呼ばれた。

中江藤樹（一六〇八―一六四八）：陽明学者。はじめ朱子学を修めたが、晩年王陽明の学問に接し、日本の陽明学の祖となる。徳が高く教育者としても知られ、近江聖人と称された。

荻生徂徠（一六六六―一七二八）：儒学者。はじめ朱子学を学び、四書五経を重視する古文辞学派を唱え、古典主義に立って政治と文芸を重んじる儒学を説く。柳沢吉保、徳川吉宗に重用された。古文辞学派は蘐園《けんえん》学派とも呼ばれる。

その唯一の例外が、**山崎闇斎**《あんさい》の学統だったのです。闇斎とその学派（**崎門**《きもん》**の学**と称する）は、後の尊皇攘夷思想の源流、倒幕→明治維新の原動力となります。

日本を代表する政治学者・**丸山眞男**《まさお》は、江戸時代の儒学を政治学の観点から研究し、そこに近代的な意識の萌芽を見出しました。特に彼は荻生徂徠に注目し、徂徠の政治思想に「**作為の契機**」（社会秩序を、与えられたものでなく、人為的に作られたものとみる態度）があるとします。この説をまとめた『日本政治思想史研究』は、すぐれた書物ですが、皮肉なことに、明治維新を引っ張ったのは徂徠学派でなく、闇斎学派でした。そこで、闇斎学派が果たした革命的な役割に注目したのが、**山本七平**です。彼は『現人神の創作者たち』（一九八三）を著し、闇斎学派の**浅見**《あさみ》**絅斎**《けいさい》が書いた『**靖献遺言**《せいけんいげん》』という書物の意義を強調しました。

山崎闇斎（一六一八―一六八二）は、最初比叡山に上って僧となり、のちに還俗して儒者となり、晩年には神道に入って垂加《すいか》神道*を興しました。儒者としてのスタートは遅かったのですが、秀忠の庶子で幕府の重鎮・保科《ほしな》正之の師となり、門弟数千を数えたといいます。主な弟子に、佐藤直方《なおかた》*、浅見絅斎、三宅尚斎《しょうさい》*らがいます。闇斎は、論理徹底性を重んじ、また「湯武《とうぶ》放伐《ほうばつ》論」（孟子の学説）を否定しました。（朱子学の四書には『孟子』が含まれているので、これは奇妙と言えば奇妙です。）また闇斎にとって、儒学と神道は矛盾するものではありませんでした。

闇斎学派は神道を重視したので、国学と共鳴しあう関係があります。この頃には、蘭学も出てきました。国学と蘭学は、朱子学を相対化する上では共同歩調をとる関係にありました。後に開国して中国の影響圏を脱し、ヨーロッパ列強と対抗していく地ならしの役割を果たしたのです。

湯武放伐論のおさらい

ここで、湯武放伐論を復習しておきましょう。湯武放伐とは、夏の桀王《けつおう》を殷《いん》の湯《とう》王が、殷の紂《ちゅう》王を周の武王が、武力で倒したことをいいます。

殷の**紂王**は、妲妃《だつき》に溺れ、**酒池肉林**の宴を催し、逆らう者は炮烙《ほうらく》の刑に処しました。西伯(のちの文王)、九侯、鄂侯《がくこう》の三人の大臣がいました。九侯の娘が紂王の宮廷に入りましたが、淫らなことは嫌だと拒絶したので、怒った紂王は彼女を殺し、父の九侯も殺して塩漬け肉

垂加神道：山崎闇斎が、儒家神道を集大成して唱えた神道説。伊勢・吉川神道に影響を受け、儒教、陰陽五行、理気説などを取り入れ、神人合一観を特徴とする。尊王斥覇の思想は、政治思想上多くの影響を与えた。垂加は闇斎の別号。

佐藤直方（一六五〇―一七一九）：山崎闇斎に学び絅斎、尚斎と並ぶ崎門の三傑のひとり。純粋に朱子学を信奉し封建道徳を絶対視し、闇斎の垂加神道に異を唱えて崎門を去った。

三宅尚斎（一六六二―一七四一）：崎門の三傑のひとり。唯理一元論に拠り、何ごとにも予定された約束があるとする運命論を唱える。さらに、天地・祖先・自己が一個の精神に帰するという天人合一論を説いた。

（ハム）にしました。これをとがめた鄂侯も、殺して乾し肉（ジャーキー）にしました。西伯も囚われますが、「天王ハ聖明ナリ」という歌をよんだりして、反抗しません。釈放された西伯が病死したあと、息子の発（武王）の代になっても、紂王の暴政はひどくなるばかりです。そこで武王は、父文王の位牌を奉じて起ち、紂王を討伐します。そして、殷を諸侯のひとつとして周に服属させました。いっぽう、西伯の徳を慕う伯夷《はくい》・叔斉《しゆくせい》の兄弟は、王権を簒奪した「周の粟」は口にしないと言って首陽山にこもり、餓死します。

孔子は、文王、武王、周公旦の三人を聖人（模範的政治家）として尊敬します。しかし文王と武王の行き方は別々（文武両道）で、むしろ正反対です。また、伯夷・叔斉の兄弟も理想とされます。いったい儒者は、どう行動するのが正しいのでしょう。

孟子をはじめ多くの儒者が、湯武放伐を正しいと考えるのに対して、山崎闇斎、浅見絅斎らはこれを絶対に否定します。革命を否定するイデオロギーが、明治維新の原動力になる――このパラドックスを、以下で追いかけてみましょう。

『靖献遺言』は勤皇の志士のバイブル

浅見絅斎の著した『靖献遺言』は、戦後忘れられましたが、明治維新を戦った勤皇の志士のバイブル、そして、特攻隊の青年たちの愛読書でした。日本人の行動様式に大きな影響を及ぼした重要な書物です。

浅見絅斎（一六五二―一七一一）は、近江の町人（裕福な米屋）の次男に生まれ、教育熱心な父の影響で儒者となりました。実家が破産し、晩年は特に貧乏でした。もともと武士でない彼は、かえって武士以上に武士らしい厳格な規律で自らを律しました。

『靖献遺言』は、〝生死を問題とせず絶対的規範を遵守した者の最後の言葉〟というような意味で、八人を紹介します。①屈原《くつげん》（楚の詩人、憂国の政治家で、汨羅《べきら》の淵に身を投げて死ぬ）、②諸葛亮《しょかつりょう》（諸葛孔明《しょかつこうめい》）（漢の再興を願って蜀漢の劉備《りゅうび》を助けた軍師）、③陶淵明《とうえんめい》（晋代の官僚・詩人、腐敗を嫌い自然を理想とする詩を創作）、④顔真卿《がんしんけい》（唐の書家、安禄山の乱で義兵を率い戦う、剛直な性格のため晩年殺される）、⑤文天祥《ぶんてんしょう》（南宋の宰相、義勇軍を率いて元と戦い、帰順せず獄死）、⑥謝枋得《しゃぼうとく》（元軍と戦って部隊が全滅した後、故郷に帰って老母の葬式をあげる）、⑦劉因《りゅういん》（元代の儒者、皇帝に招かれるが一日で辞表を出し帰郷）、⑧方孝孺《ほうこうじゅ》（明の儒者、永楽帝を叛臣と断じ、詔書の起草を拒否、親族八四七人を殺害され、先祖の墓をあばかれても拒み続け、肉を殺がれて死ぬ）、の八人です。

このように「君臣の義」を絶対視することを、日本人はこの書物から学びました。「悠久の大義に生き」ようとした神風特攻隊や一億玉砕の考え方も、これが元です。

水戸光圀と『大日本史』

朱子学の正統論の論理的な帰結は、天皇が唯一の正統な君主であること、そして、湯武放伐論は認められないこと（さもないと、天皇を将軍が放伐してよいことになる）、を論証したのが山崎闇斎でした。浅見絅斎は、尊皇を貫き戦う人間モデルを創造しました。

水戸藩の徳川光圀（水戸黄門）は、天皇のためなら将軍を打倒してもよいと考える尊皇家でした。朱舜水の影響もあり、中国の『資治通鑑』にならって『**大日本史**』*を編纂することになります。朱舜水の弟子・安積澹泊《あさかたんぱく》*、闇斎の孫弟子・**栗山潜鋒**《せんぽう》*、絅斎の弟子・**三宅観瀾**《かんらん》*が参加しました。しかし、南北朝のどちらが正統かという**正閏**《せいじゅん》**論争**、人物評価をめぐる「論賛」などをめぐって編集が難航し、とうとう論賛はカット。光圀や主な儒者も死んでしまい、完成まで時間がかかったわりには、論理的に首尾一貫しないものになりました。

この作業の過程で、栗山潜鋒の『**保建大記**』、三宅観瀾の『**中興鑑言**』が著されます。前者は、保元・平治の乱を考察し、天皇家から武家への政権移行は、天皇家の「失徳」に原因する（天皇が規範を失ったので、源義朝が父・為義を処刑するという無規範状態が生まれ、戦乱が拡大して武家が天下を簒奪した）とするもの。朱子学の原則に従えば、父とともに処刑されても、天皇の命令に従ってはならないのです。後者は、後醍醐天皇の建武中興を考察し、後醍醐天皇は「帝王」意識のみ強烈で、それに伴うべき責任や自己規範が欠落していたので、武家から政権を奪いかえすことはできなかったとするもの。どちらも〝天皇が徳を取り戻せば政権が自動的に戻ってくる〟ことを含意し、大政奉還を予言した内容となっています。

水戸学と尊皇思想

水戸藩ではその後、闇斎学が卑俗化したかたちで尊皇思想に育っていきますが、初期の闇斎学派は、昭和の皇国史観のようにコチコチのイデオローグでなしに、リアリストでした。たとえば、佐藤直方は、「日ノ神ノ託宣ニ……子孫ニ不行儀ヲスルモノアラバ蹴殺サウト被仰タナレバ、ヨイコトゾ（義にもとる天皇がいたら蹴殺されるとよい）」と天皇を批判しています。万世一系とはいえ、女帝はいるわ、兄弟を殺して位に就いた天皇はいるわで、決して正統でないというのです。また三宅観瀾の『中興鑑言』は、後醍醐天皇批判があまりに激しいため、戦前出版されたものは伏字だらけでした。

『大日本史』：神武天皇から後小松天皇までの史実を紀伝体に編述。一六五七年、徳川光圀の命によって着手、一九〇六（明治三十九）年完成。①神功皇后を皇位からのぞき、②大友皇子を天皇（弘文天皇）に、③南朝を正統とした点が、三大特筆といわれる。皇統を正し尊皇の意を明らかにすることが目的で、尊皇思想に大きな影響を与えた。

安積澹泊（一六五六―一七三七）：儒学者。『大日本史』編纂の中心的存在。大義名分を主眼とする水戸史学を築いたとされる。

栗山潜鋒（一六七一―一七〇六）：儒学者。崎門学派。一八歳のときに『保建大記』を著す。

三宅観瀾（一六七四―一七一八）：儒学者。絅斎に学ぶ。新井白石の推薦によって、室鳩巣とともに幕府の儒者となる。

しかしやがて、水戸学は、あるべき天皇像にしたがって歴史を再構成するという**皇国史観**に傾いていきます。「天皇が万世一系なのは有徳だから、有徳なのは万世一系だから」というトートロジーが幅を利かせます。このような尊皇思想が、攘夷思想と結びつくときに、幕府を打倒する大きなエネルギーをうんだのでした。

赤穂義士論争と明治維新

元禄一五（一七〇二）年、元**赤穂藩**《あこう》の家臣・大石良雄ら四六人が、江戸の吉良邸を襲撃、主君浅野長矩《ながのり》の仇・**吉良義央**《よしなか》を討ちます。この事件は国民的な議論をよび、三宅観瀾『烈士報讐録』ほかおびただしい著書、論文が発表されました。

闇斎学派の**佐藤直方**は、原則的朱子学の立場から、仇討ちを否定します。いわく、浅野は公法を犯して処刑されたもので、そもそも吉良を「仇」とするのは不当である。浅野も四十六士も「公朝」（国家秩序）よりも私怨を先にしたもので、同情の余地なし、とします。同じ否定論でも、**太宰春台**はニュアンスが違います。いわく、まず幕府は誤判を犯した。殿中殺人は死刑だが、未遂は減刑されるはずである。いっぽう、封建制の原則からすれば、武士は主君に忠誠の義務があっても、幕府に忠誠の義務はない。そこで、浅野家の再興を幕府に陳情、駄目なら赤穂で城を枕に戦死すべきだった、とします。

大学頭・林信篤《のぶあつ》は、『復讐論』を著しました。いわく、幕府の法は義に反するものである。

四十六士のように、心情的に君主と一体化して行動してこそ、義である。そこで、法を破り処刑されても、四十六士は立派である、とします。幕府みずから法の義を否定するなど、論理がめちゃめちゃのようですが、義士の称揚は幕府の政策でした。

いっぽう、同じ闇斎学派でも浅見絅斎は、断固、肯定します。いわく、吉良と浅野の関係は「私闘」であり、それを咎めるなら「喧嘩両成敗」の原則を適用するべき。けれども幕府は「大礼ノ場ヲ乱ル罪」で罰してしまった。そこで、四十六士が仇を討つのは当然である、とします。しかも浅見絅斎は、**「忠孝一致」**の原則――主君（浅野長矩）〜赤穂藩士の関係を、父〜子の倫理に見立てて絶対化すること――を打ち出します。朱子学ではあくまで分離していた義／孝を、忠＝孝と一致させたのが、日本朱子学の特徴です。

当時の天皇家は、山城の国の一領主。法的に幕府の支配下に置かれていた点は、浅野家の赤穂藩と変わりません。もし、天皇を絶対視し、その確認不能な「意志」を自らの志として行動する人間が出現したら？　赤穂義士の場合と同じで、それを肯定するほかないでしょう。幕末には、薩長や水戸藩ばかりか、幕府も会津も、国中が尊皇を旗印にするようになります。そういう雰囲気が、攘夷の主張（外国に侵略されるのは、政治的な正統性が誤っているからだ）と結びついた結果、**尊皇攘夷思想**↓倒幕運動が成功したのです。

❖日本で儒教が果たした役割は、中国の場合とは大変に違います。

中国で果たした役割は、知識人の再生産。体制を維持する。これにつきます。政治機構のメンバーは、儒教のトレーニングを受けた官僚たちで、自分たちは人民の上にたって政治を行なうにふさわしいと信じ込んでいる。彼ら以外に、人材はいないのですから、儒教が正統な学説として生き続けます。

日本の場合、幕藩体制がすでにできあがっていたところへ、儒教を勉強するようにと、幕府の行政指導がありました。儒教を勉強して朱子学に詳しくなっても、ほめられるだけで昇進できるわけではないし、収入も増えない。学問を政治に活かすチャンスもない。知識人のあいだに不満が鬱積していく構造があります。

儒教のもうひとつの役割は、教育によって能力を高めた知識人たちが、国家・社会・人民のために尽くすようにさせること。武士に儒教の素養があったおかげで、日本の国内改革（農業、商業、工業の発展）にプラスになりました。儒学は、合理主義の思想ですから、近代化を準備するたすけになります。でもそのおかげで、幕藩体制の矛盾は深まりました。

幕藩体制という不思議なシステムが三〇〇年も続いた。考えてみると、不思議なことです。鎌倉、室町以来の土地所有権を関係者みなが主張すると、どうしても戦争になる。幕藩制は、そんな戦争もうやめようという広範な世論に支えられて、できあがったシステムだと考えられます。分権制度だから、中央政府は政治をやらない。鎖国だから、軍事外交もやらない。中央政府は、ないに等しい。なにか問題が起こった場合の当事者能力もない。それが幕藩体制です。政治をやらないのだから、武士たちは中国の本でも読んでいなさい。

これでみな納得していた。これは国家なのでしょうか。

ヨーロッパでは、封建領主が実際に土地を所有していて、子孫がそれを相続する。相続のたびに国境線を引きなおさなければならない。そんな時代が長く続きました。しかし日本の領主制は、刀狩と兵農分離を通じて領主権が名目化し、官僚制化した。戦国から江戸にかけて、そうした大きな変化が起こりました。禄高は、名目的なもので、実際の所領と関係がない。したがって、相続の問題は起こらない。そうやって、領主権が形式化し実質がなくなったからこそ、政治的な境界線を固定することができ、幕藩制が可能になったのです。本来の封建制なら、なかなかそんなことはできない。そういう意味で、江戸時代の武士は近代官僚にやや近い。ただしその身分を世襲したので、社会的流動性が乏しくなった。

儒教は、官僚の道徳（行動規範）と、家族道徳とが区別されています。儒教のジレンマは、この両者が一致しない場合どうするかということなのですが、日本人にはこれがなかなかわからない。なぜなら、各藩の官僚機構が、家族制度を下敷きにしてできているからです。主君の地位も、家臣の地位も世襲され、一種の血縁的な機構として官僚制ができあがっている。官僚道徳と家族道徳に、区別がない。区別がないから、忠＝孝、すなわち「忠孝一如《いちじょ》」になってしまった。

これは朱子学の誤解、儒教の曲解ですが、この結果、政治的主君が、中国以上に絶対化されてしまう。政治的に無能で、しかも家族道徳を踏みにじっていても、絶対的な忠誠の対象になるということが起こる。葉隠や、尊王攘夷の世界。政治的主君が、神になってしまうわけです。日本では、儒教が、実質的な宗教に転化することが可能になってくる。これが天皇制といわれるものです。将軍の、さらに上の主君が天皇だから、将軍に反乱するという政治的運動を、儒教の名のもとに（儒教的に粉飾した論理によって）行なうことができたのです。

儒教の勉強に熱中したのは、武士としてのプライドをもちにくいマージナル（境界的）な階層、すなわち、下級武士や町人、農村の上層の人びとでした。彼らが武士と同じ教養をもっていたのは、階層の壁を突き抜けて明治維新が起きる上で、かなりプラスに作用しました。実際に、明治維新が、下級武士を中心に担われたのは、学問をすれば誰にでも統治階級としての資格が生まれるという、儒教思想の影響が大きいのです。

参考文献

浅見絅斎『靖献遺言』一六八七→　五弓安二郎訳注　岩波文庫　一九三九
小室直樹『小室直樹の中国原論』徳間書店　一九九六
丸山眞男『日本政治思想史研究』東京大学出版会　一九五二
丸山眞男ほか編『山崎闇斎学派』（日本思想大系31）岩波書店　一九八〇

山本七平『現人神の創作者たち』文藝春秋　一九八三　→〈山本七平ライブラリー〉文藝春秋　一九九七
吉田松陰『講孟劄記《こうもうさつき》』一八六九　→近藤啓吾全訳注　講談社学術文庫　一九七九
加藤典洋『日本人の自画像』岩波書店　二〇〇〇

講義を終えて

再び宗教を考える

「宗教とは一体なんですか?」と聞かれても、もう大丈夫……?

さまざまな世界の宗教

これまで、駆け足ながら、ユダヤ教、キリスト教、仏教、イスラム教、儒教について見てきました。これらについて話しそこねたことも多いですし、そのほかにも、ヒンドゥー教、シク教、道教、神道などの宗教があります。けれども、大掴みながら、人類の文化遺産としての主要な宗教の概略について、理解していただけたのではないかと思います。

宗教について考えたのは、宗教それ自体への興味もさることながら、それが社会に及ぼす影響が大きいからです。人びとの価値観や行動様式のバックボーンは、多くの場合、宗教なのです。宗教を理解すると、ある社会の人びとの行動や社会制度を、よりよく理解することができます。そこで、宗教社会学の大先達、**マックス・ヴェーバー**にならって、宗教を下敷きにした社会現象の解明を試みましょう。

経済活動と宗教

ヴェーバーがもっとも注目したのは、経済活動に及ぼす宗教の影響でした。特に、合理的な経営や営利の精神（**世俗内禁欲**）が、どのように組織されるかという点です。

ユダヤ教では、利子をとるのは禁止です。それは、労働の対価でないからです。『ヴェニスの商人』で、ユダヤ人シャイロックが高利貸しとして登場するのはなぜでしょう。それは、キリスト教徒は異教徒なので、宗教法の埒外《らちがい》だからです。ユダヤ人同士は利子をとって貸し借りはできないが、相手がキリスト教徒ならかまわない。キリスト教徒からみると、ユダヤ人は高利貸となります。イスラム教の場合も、利子は禁止です。イラン・イスラム革命のあと、シャリーア（イスラム法）に忠実な国づくりを進めているイランでは、無利子銀行が創設されています。これらの例は、逆に、営利活動や利潤を宗教的に正当化するのがいかにむずかしいかを示しています。

ヴェーバーの解答は、**プロテスタンティズム**がそれをなしとげた、というものでした。**ピューリタニズム**は、世俗の職業を神聖化し、労働を美徳としますが、同時に、個々人がその成果（利潤）に執着することを禁止します。そのため、彼の労働の成果は、自分のものではなく神のもの、という性格を帯びます。彼らの構成する法人（企業）は、彼個人と区別されて、神の栄光を受けつつ拡大再生産を始められます。そのプロセスは、徹底的に合理化されます。かくて資本主義がスタートした、というのがヴェーバーの見解でした。

日本人はなぜ勤勉か

ヴェーバーの学説は、社会科学の定説ですが、それなら日本人はなぜ勤勉なのか、宗教（特にキリスト教の信仰）を持たない日本人がなぜ資本主義を成功させたのか、という疑問も湧いてきます。この疑問には、ふた通りの解答が可能です。ひとつは、日本人は表面上宗教を信じていないようにみえるが、実は宗教に等しい信念を持っているとするもの。もうひとつは、日本人は宗教を信じていないからこそ資本主義で成功したとするもの。

前者の代表は、**山本七平**の仕事でしょう。彼は『勤勉の哲学』を著し、禅宗の**鈴木正三**や心学の**石田梅岩**ら江戸時代の思想家に日本人の勤勉の思想的ルーツを発見しました。そして、それをベースにした日本人の暗黙の行動様式を、「**日本教**」とよんだのです。

後者を明確に主張した学者はいませんが、日本人が、営利を禁止する宗教的ルールを知らないのは確かです。士農工商の身分秩序は、明治政府の命令であっという間になくなりましたが、インドのカーストならこうは行きません。

ちなみに、カースト制を否定する宗教として、**シク教**があります。**グル・ナーナク**（一四六九―一五三八）の創始したシク教は、ヒンドゥー教もイスラム教もひとつの真理を説くと教え、聖職者を認めず、職業労働を重視し、勤勉で識字率の高い教団をつくりあげました。パンジャブ州を中心に一七〇〇万人、ターバンを巻く、鉄の腕輪をする、など独特の服装でひと目でわかります。イギリスのインド統治まで独立を保っていたのですが、インド／パキスタン分離のあおりで独立を果たせず、独立運動が続いています。

政治と宗教

キリスト教はまた、政治にも大きな影響を与えました。

キリスト教の最大の成果は、地上の権威（政治権力）と神の権威（宗教的権威）とを分離したことです。ここから、**政教分離**という近代社会の政治原則がうまれました。

これと対照的なのは、儒教です。儒教には、一神教の神にあたる超越的な権威が存在しません。聖人とは、過去の政治家であり、要するに人間です。中国では、政治（人間の人間に対する関係）がすべてを決するのであり、死後の世界や超越的な権威は考えられていません。政治がよければ、自然災害さえ起こらず、人民は幸福になります。中国の大平原は大規模な治水土木工事を遂行できる巨大な統一権力（官僚制）を不可避としました。

伝統中国では、**官僚**（政治家）に、権力も富も文化的・社会的威信も、すべての社会的資源が集中します。商人は経済力があっても、社会的尊敬は得られません。中国で共産主義が成功したのも、こうした伝統と関係があるでしょう。共産党の官僚制は、中国人におなじみでした。いっぽう日本では、共産党が一般民衆の支持を集めたことはありません。

法律と宗教

法律についても、宗教が深い影を落としています。

儒教の話を続けるなら、儒教にいう法律とは〝統治階級が人民に下す命令〟です。中国の法律は、**律令**の名で知られますが、律（刑法）を中心とするものです。「刑は士大夫にのぼらず」とも言って、統治階級の人びとは、必ずしも刑法の処罰の対象でなく、統治者の指示に従って自罰します。統治階級にとって、法律は自分の支配の道具ですが、人民にとっては迷惑このうえないものです。日本人の法律観も、この影響を受けています。

一神教の法律観は、これと大きく違います。法律（律法）は神から発するもので、人間社会全体を拘束します。統治階級と一般民衆とは、神に対して連帯責任を負います。そこではじめて、「**法の支配**」が可能になるのです。

儒教は、**法治**（法の支配）でなく**人治**（人の支配）が原則でした。社会主義中国が市場経済に移行しようにも、法の支配が実現しにくいのには、こうした背景があります。

葬礼と宗教

宗教は、社会生活を円滑に運行させるための儀式をそなえているのが普通です。

葬式を例にとれば、日本では仏教の独占事業ですが、これが江戸幕府の政策だったことは前にのべました。もともとの仏教は世俗の労働を禁止していましたから、出家者に葬式を行なえるはずもなく、中国でも葬式は原則として儒教ないし道教のやり方で行ないます。禅宗だけは、何でも自分でやるので、僧侶が死亡すれば葬式を行なったと思われます。

ゾロアスター教は火葬でなく鳥葬《ちょうそう》ですが、火を神聖視するので火葬はできません。いっぽうイスラム教は火葬でなく土葬ですが、火は地獄を象徴するので、最後の審判まで眠りにつく死者にふさわしくないとされます。キリスト教も、火葬を好みませんが、それはやはり最後の審判の観念と関連があります。

国家と宗教

日本の近代化は、天皇の権威と不可分でしたが、それは負の遺産をもたらしました。それが**靖国神社問題**です。明治国家は、天皇の名のもとに維新を成功させた軍隊の伝統を大切にし、**統帥権**（軍に対する天皇の指揮命令権）を政府から独立させました。この結果、軍隊を誰もコントロールできなくなり、軍は国家内国家のようにふるまって、日本を破滅の淵に追い込みます。神道は宗教でないことになっていたので、明治維新以来の「国事殉難者」を祀る靖国神社は、国の機関である陸海軍および内務省によって直接管理されていました。

戦後、占領軍の指令により、靖国神社は国と関係を断たれて、宗教法人となります。けれども、戦没者の合祀は、厚生省・市町村役場の協力で、続けられました。そして約二〇年前、「国家護持」運動を断念した靖国神社は、東條英機ら東京裁判のA級戦犯を合祀しました。

このあと、首相らの「公式参拝」にアジア諸国の非難が集まり始めました。
戦前～戦中、国に命を捧げた人びとの「霊」は、靖国神社に独占されているので、日本国として、それに哀悼の意を表せない。――靖国神社問題の本質はここにあります。

参考文献

加藤典洋・橋爪大三郎・竹田青嗣著『天皇の戦争責任』径書房　二〇〇〇
大川周明『回教概論』慶応書房　一九四二　→中公文庫　一九九二
小室直樹『日本人のための宗教原論』徳間書店　二〇〇〇
マックス・ヴェーバー、大塚久雄訳『プロテスタンティズムの倫理と資本主義の精神（上・下）』岩波文庫　一九八九
山本七平『勤勉の哲学』ＰＨＰ研究所　一九七九　→『これからの日本人』（山本七平ライブラリー11）文藝春秋　一九九七
保坂俊司『シク教の教えと文化』平河出版　一九九二

あとがき

本書は、東京工業大学での講義、「宗教社会学」にもとづいている。

この講義を毎年開いて、かれこれ一〇年になる。学部の二年生向けなので、予備知識はあてにできない。高校生を相手にするようなつもりで、教壇に立つことにしている。

そもそも、わずか九〇分×一〇回の授業で、世界中の宗教をカヴァーしようというのが無理な話である。そこでプリントを作って、前の週に配り、読んできてもらうことにした。そうすれば、大事なところに時間をかけて、じっくり話ができる。

本文のうち、大きめの字で印刷してあるところは、プリントにして、教室で配った文章そのままである。いっぽう、一段下げて小さめの字で組んであるところとコラムは、今回新たに書き足した。（注：文庫版では小さめの字を、本文と同じ大きさに戻しました。）

日本の学生は、宗教についての知識があまりにも不足している。このまま卒業して、いきなり外国で生活したりするのはとても心配だ。

実際に授業をしてみると、学生たちは、これまで宗教に偏見をもっていたのかも、と気がついたとたんに、みるみる反応がよくなり、熱心に講義に耳を傾け始める。宗教の理解が、これからの人生にも、二一世紀をむかえた日本の将来にも欠かせないと、感じたのだろう。

この講義の手ごたえを、教室のなかに閉じ込めておくのは残念なので、ぜひ本にして、多くの読者に届けたいと思った。

おもな世界の宗教について説明してあって、一冊読めば、宗教とはどういうものかひと通りわかってしまう便利な本は、ありそうでなかった。(例外として、小室直樹『日本人のための宗教原論』徳間書店、二〇〇〇年をあげておきます。宗教の理解をもっと確実なものにしたいと思う読者は、ぜひこの本にも挑戦して下さい。)

本書が、宗教に対する誤解を解き、世界に目を開いて、国際社会の一員にふさわしい良識を身につけていくうえで役に立つなら、嬉しい。

それにしても、宗教は内容が豊かで奥深い。科学がたった四〇〇年の歴史しかないのにひきかえ、宗教は数千年の歴史をもち、人類の文明そのものだと言ってもよい。出来ればの話だが、今回の『入門』をふくらませて、聖書や、コーランや、仏典や、儒教の経典やを材料に、それぞれの宗教をもっと詳しく解明する『宗教社会学講義』のシリーズに取り組みたいと思っている。

この場を借りて、小室直樹博士の学恩に感謝したい。

私の宗教に対する関心を刺戟して、宗教社会学の可能性に目を開かせたのは、私の師である小室博士の講義である。日本を代表する社会学者である小室博士は、一九七〇年代から八〇年代にかけて、ご自身の私的なゼミ（小室ゼミ）を主宰して、私のような大学院生を前に毎週、ボランティアでさまざまなテーマの講義をして下さった。そのなかで、ヴェーバーの『古代ユダヤ教』や『プロテスタンティズムの倫理と資本主義の精神』、丸山眞男の『日本政治思想史研究』、仏典や儒教の経典の読み方について、いちから手ほどきを受けることができたのは、なつかしい思い出である。

そういうわけで、本書のいたるところに、小室博士の教えがちりばめられている。小室博士の教えがなかったら、本書は存在しなかった。このことを明らかにして、改めてお礼の言葉としたい。


この本は、いまのかたちになるまでに二転三転した。

最初に宗教の本を書いたらと勧めてくれた、ポット出版の沢辺均さん、佐藤智砂さんに感謝します。企画がかちあった際に、大乗的な見地で対応してくれた春秋社の小林公二さんに感謝します。

実際に本書がスタートする段階でいろいろよいアイデアを出し、編集の細かな実務もてきぱきとこなし、限られた時間のなかで大車輪の活躍をしてくれた、筑摩書房の磯知七美さんに感謝します。

最後に、講義に参加し、質問をしたり答案に自分の考えをぶつけたりして、私を勇気づけてくれた学生諸君に感謝します。ありがとう。

橋爪大三郎

二〇〇一年四月二〇日

文庫版　あとがき

　本書がハードカバーで、筑摩書房から出版されたのは、二〇〇一年六月のこと。そのあとすぐ、九月一一日に、ニューヨークのワールド・トレードセンターへのテロ攻撃が起こった。

　その日、私は講演のため、青森県にいた。宿舎に戻ってテレビをつけると、ツインタワーの片方から煙があがっている。チャンネルを変えても、同じ映像である。なぜ火事になったのだろうと思いながら、しばらく画面をながめていたら、横から飛行機のようなものが突っ込んできて、もう片方のタワーに衝突した。これは事故でも偶然でもない、テロではないか！　寝るどころではなくなってしまった。

　翌日は、三沢に移動して、もうひとつ講演があった。三沢の米軍基地に通じる道路が、思い切り渋滞していた。ゲート前で、基地に戻る米軍兵士たちの自動車を一台一台、トランクルームの裏側までひっくり返してチェックしている。ピリピリ緊張した厳戒体制だ。この日を境に、世界は変わってしまったのだ。

　本書の出版は、結果的に、絶妙のタイミングだったことになる。おかげで急に、売れ行きがよくなった。イスラム教をとりあげている新刊があまりなかったせいで、『世界がわかる宗教社会学入門』も、ほかのテロリスト本やアルカイダ本にまじって、書店で平積みになった。一瞬だが、アマゾン・ドットコムで人文書売り上げ一位にもなった。こんなことは、もう二度とないだろう。

宗教とテロリズムは、結びつくのだろうか。

オウム真理教の幹部たちは、地下鉄でサリンガスを撒き、無差別テロに手を染めた。オサマ・ビンラディン率いるアルカイダ・グループは、聖戦を掲げて、同時多発テロをひき起こし、多くの人びとの生命を奪った。サミュエル・ハンチントンの「文明の衝突」論は、キリスト教とイスラム教の抗争が不可避なのではという疑念を、人びとに植えつけた。

会う人ごとに、宗教はテロをひき起こすのですかと聞かれるようになった。

私は、こう答えることにしている。

イスラム教徒も、キリスト教徒もテロをひき起こします。無神論者（アナキストやマルクス主義者）も、テロをひき起こします。宗教とテロは関係ありません。テロリストが、宗教を口実にしているだけなのです――。

アメリカでは、まじめにキリスト教を信仰している人びとが多いせいか、イスラム教に対する無理解（ないし、偏見・差別）を感じることがままある。九・一一の犯人グループがイスラム過激派だったので、そらみたことかと、その傾向は強まった。日本でも、アメリカにならって、イスラム教徒＝過激派＝テロリストと、単純な悪いイメージをもつ人びとが増えてしまった。

ひと握りの過激派テロリストのために、まじめにイスラム教を信仰している何十億もの人びとが誤解され、偏見と差別の対象になっている。ほうってはおけない。本書が、そういう誤解の解消に役立てば、さいわいだ。

ところで、いまのべたことと反対のことを言うようだが、二一世紀には、宗教のかたちを借りたテロリズムや社会運動が、もっともっと大規模なかたちで起こる可能性が高いと思う。第三世界では、人口の増加に経済発展が追いつかず、人びとはどんどん貧しくなっている。地球環境は有限なので、中国やインドの発展が進めば、食糧やエネルギーはますます不足すると見込まれる。発展の余地がなく、豊かになる可能性を奪われた多くの人びとは何を信じて、この世界を生きればよいだろう。マルクス主義や社会主義のように、合理的に世界を変革しようという代案が、ことごとく失敗したあとでは、非合理に世界を変革することを夢見るしか、代案がないではないか。

オウム真理教は、この点で、注目すべき先例だと思う。

オウム真理教は、仏教系ということになっているが、ハルマゲドンなどさまざまな宗教の都合のいいところをつぎはぎした、パッチワークの産物だった。だから既成の宗教をはみ出していて、たとえば仏教教団が「それは仏教の原則から外れていますよ」と、警告を発しにくかった。ユダヤ教、キリスト教、イスラム教といったちゃんとした宗教には、どういう信仰が正統であるかについて、明確な規準があって、奇妙な解釈が出てこないようになっている。そこで、人びとの不合理な信条を大きく組織化するのは、さまざまな宗教の要素を寄せ集めた、パッチワークのような思想だろうと思われる。

オウム真理教は、いまの世界に対する激しい憎悪に満ちており、いまの世界にとって代わるためには、大勢の人びとを殺してもかまわないと思っていた。同じような憎悪が、先進国の気づかないところで、蓄積されているのではないか。

日本ではとにかく、宗教の社会的な地位が低い。政治家や役人や経営者や科学者や知識人は、あまり宗教を信じないことになっている。これにはいろいろ背景があることを、本文でのべた。問題は、日本人が、世界中日本と同じではないかと、簡単に考えてしまうことだ。その反対であることを、本書は力説している。

二一世紀になって、宗教はまだまだパワフルである。地球上の人びとがますます緊密に結びついてゆくこの世界で、宗教はいっそう重要になっている。人びとの思想や行動を、根本のところで支配しているのが、宗教だ。そのことを理解してもらえれば、本書を書いたかいがあったというものである。

本書について、「簡単すぎる」「知っていることが多い」という評を目にする。それでよいのである。

本文を、繰り返し声に出して読んでほしい。そして、まるごと暗記してほしい。そういう目的で書いたのだから。

まえがきにも書いたように、本書は、宗教社会学の講義の際に配布したプリントが元になっている。両面印刷の紙が、毎回一枚。分量は、多くても七〇〇〇字程度。ひとつの宗教の講義の内容を、そのなかに収めなければならない。基本的なことしか書けないのは当たり前だ。

それぞれの宗教は、発想が違う。ロジックがまるで異なる。そこを理解できれば、目的は達したようなものである。とは言え、基本的な知識（人の名前や出来事や基本概念）を知らなければ、宗教を理解したことにはならないので、主なものをゴチックで示した。

今回、文庫化にあたっては、索引をつけた。⚜印で始まる、一段低い組みの部分は、本文につけ加えた注で、本文より小さな活字だったが、文庫では本文と同じ大きさの活字にした。定価も下がったので、教科書として使いやすくなったはずだ。

『世界がわかる宗教社会学入門』を出してから、外務省や笹川平和財団の「文明間対話」というものに参加するようになり、イスラム諸国やインドやの、大勢の知識人の人びとと対話を行なうことができた。シク教やゾロアスター教の知識人とも、初めて話をした。各地のモスクや聖所を訪れることができた。

東京財団は、本書をもとに、『知らないでは済まない宗教』の講座」という一〇回のテレビ番組を制作することになり、私が案内役をつとめることになった。東京MXテレビから放映された内容を、東京財団のウェブページで視聴することができる。

http://www.tkfd.or.jp/division/public/nation/ibunka.shtml

にアクセスしてほしい。

番組では、毎回お一人のゲストをお招きし、貴重なお話をうかがった。特に最終回のゲストに、小室直樹先生においでいただいたのは、ありがたいことだった。

本書の意を汲んで、すばらしい教養番組（！）に仕上げてくれた、株式会社ワックの廣澤秀郎さんほかの皆さんや、東京財団の星野晶子さん、アナウンサーの岡真奈美さんに感謝したい。

文庫化にあたっては、単行本のときと同様、筑摩書房の磯知七美さんに、索引の作成などややこしい作業まで、すっかりお世話になった。記して感謝したい。

二〇〇六年三月

橋爪大三郎

	1943 ナチス、ユダヤ人虐殺（ホロコースト）		
	1947 イスラエル独立		1946 天皇人間宣言 日本国憲法発布 信教の自由を保証
	1948 第1次中東戦争	1949 中華人民共和国成立（中国の共産化）	
	1956 第2次中東戦争	1950 インドでカースト制度廃止	1951 宗教法人法公布
	1962 第2回バチカン公会議	1954 文鮮明、統一教会を創設	
	1965 ローマとコンスタンティノープル、相互の破門を撤回		
	1967 第3次中東戦争		
		1972 ニクソン米大統領訪中	
	1973 第4次中東戦争		
		1976 毛沢東没	
	1979 イラン・イスラム革命	1978 改革開放政策始まる	1978 靖国神社、A級戦犯を合祀
	1980 イラン・イラク戦争		
			1986 中曾根康弘首相、靖国神社公式参拝中止
	1989 ホメイニ師没 ベルリンの壁崩壊	1989 天安門事件	
	1991 湾岸戦争		
		1992 鄧小平南巡講話	
			1995 オウム真理教地下鉄サリン事件
2000	2001 9.11同時多発テロ アフガニスタン戦争		2001 小泉政権発足
		2002 胡錦濤総書記就任	
	2003 イラク戦争		
	2005 ローマ教皇ヨハネ・パウロ2世没 ベネディクト16世就任		

（『世界宗教事典』教文館　1991　などをもとに編集部で作成）

	1620 ピルグリム・ファーザーズ、プリムス上陸		1629 踏絵はじまる
			1637 島原の乱
	1633 ガリレイ宗教裁判		1639 鎖国の完成
	1642 ピューリタン革命	1642 チベットでダライ・ラマ政権樹立	1640 宗門改役設置、宗門人別帳作成
		1643 李氏朝鮮に中国よりキリスト教伝来	
		1644 清の統一(明の滅亡)	1659 朱舜水、日本に亡命し帰化
	1662 英国教会分裂	1661 鄭成功、台湾を占領	1663 武家諸法度改正、キリスト教禁止
			1665 諸寺社法制定
		1683 台湾の鄭氏降伏	1671 山崎闇斎、垂加神道を唱える
1700	1776 アメリカ独立宣言	1724 清でキリスト教全面禁止	1720 『大日本史』紀伝の部、幕府に献上
			1771 おかげ参り流行
	1789 フランス革命：信教の自由	1791 李氏朝鮮で洋学禁止、焚書実施	
		1796 清で白蓮教徒の乱(-1804)	1798 本居宣長『古事記伝』
1800	1833 ギリシャ正教、自治独立を宣言		1838 天理教成立
		1840 アヘン戦争(-42)	
		1850 太平帝国の乱(-64)	1853 ペリー、浦賀に来航
		1862 清で洋務運動	1861 ニコライ来日
	1867 マルクス『資本論』	1866 李氏朝鮮でキリスト教大弾圧	1867 ええじゃないか流行
			1868 明治維新　神仏分離令　廃仏毀釈盛んになる
	1873 ドイツで反ユダヤ運動	1870 天津事件	
1900		1906 インド・ムスリム同盟結成	
	1912 ロシアで宗教弾圧	1912 中華民国成立	
		1912 インドネシアでイスラム同盟結成	
	1920 マックス・ヴェーバー没		
	1935 ドイツのユダヤ人、市民権剥奪		1930 牧口常三郎、創価教育学会創設

			1260 日蓮『立正安国論』
	1265 トマス・アクィナス『神学大全』	1271 元建国	1279 一遍、踊念仏を創始
	1299 オスマン帝国(-1922)		
1300	1300頃 モンゴルのイスラム教化	1355 白蓮教徒の乱	
		1368 明建国、朱元璋即位	
1400			1404 勘合貿易
		1415 『四書大全』完成	
	1453 東ローマ帝国滅亡 1454 ローマ教皇、免罪符印刷	この頃、李氏朝鮮で儒教が国教化	
	1455 グーテンベルクの印刷機によりラテン語訳聖書刊行		1467-77 応仁の乱
	1480頃 ロシア、キリスト教国となる		1479 蓮如、山科本願寺創建
1500		1508 陽明学起こる	
	1517 ルターの宗教改革 1520 ルター、ローマ教皇より破門 1524 ドイツ農民戦争		
	1525 ミュンツァー処刑		この頃から各地で一向一揆(-1581)
	1534 イエズス会設立 1536 カルヴァンの宗教改革		
	1546 ルター没	1557 ポルトガル人マカオ居住許可	1549 ザビエル来日 キリスト教伝来
	1562 フランスでユグノー戦争(-1598) 1564 カルヴァン没		1560 ヴィレラ、近畿にキリスト教布教 1587 秀吉、禁教令
	1598 ナントの勅令	1589 明で万暦版『大蔵経』刊行はじまる	1590 天正の少年使節帰国
1600			1603 徳川時代(-1868)
	1611 イギリスで欽定訳聖書出版		1612 幕府、キリシタン禁止令発布

700		700頃　スリランカに密教伝来	701　大宝律令制定
		712　唐で玄宗皇帝即位	
		730　中国の智昇、『大蔵経』をまとめる	741　国分寺建立の詔
			752　東大寺大仏開眼供養
			754　唐の鑑真来日
			759　鑑真、唐招提寺建立
800			805　最澄、天台宗創始
			806　空海、真言宗創始
		840　唐の武宗即位	
		845　武宗、廃仏毀釈	
	867　東西両教会、相互に破門		
900		907　唐の滅亡、五大十国時代（-960）	938　空也、京都で念仏をはじめる
	987　ロシア、東方正教を受け容れ改宗	960　宋建国　太祖即位し、仏教復興	
1000	1054　東方教会と西方教会に分裂	1018　宋の真宗皇帝、祥源院を作り、寺院の建立を禁じる	
	1077　カノッサの屈辱		
	1096-1270　十字軍遠征		
1100		1107　宋で道教推進	
		1130　朱子誕生（-1270）	
			1175　法然が浄土宗創始
			1191　栄西、臨済宗創始
			1192　鎌倉時代（-1333）
1200		1203　インド仏教ほぼ衰滅	1201　建仁寺建立
	1215　ドミニコ会設立		1207　専修念仏停止
	1219　セルビア正教会設立		
	1221　フランシスコ会設立		1225　親鸞が浄土真宗創始
			1227　道元、曹洞宗創始
	1254　リヨン公会議		1253　建長寺建立

	70-100頃　共観福音書成立	ガンダーラで仏像の製作	
100	100頃　ヨハネ福音書成立	100頃　道教成立	
200		200頃「法華経」成立	285　儒教の書伝来
300	313　ミラノ勅令：ローマ帝国キリスト教公認 325　ニケーア公会議		
		372　高句麗に仏教伝来	372　百済王より七支刀、七子鏡贈られる
	381　コンスタンティノープル公会議：三位一体説が正統教義に 394　ローマ帝国、キリスト教を国教化 395　ローマ帝国東西分裂		
400		401　鳩摩羅什、長安に迎えられ仏典の漢訳に着手	
	431　エフェソス公会議 451　カルケドン公会議 476　西ローマ帝国滅亡		
500		520　菩提達磨、禅宗を開く	538頃　仏教伝来
	570　ムハンマド誕生	575　智顗、天台宗を創設	
		581　隋建国　仏教復興	588　百済の僧、仏舎利をもたらす
		589　隋で科挙制	593　聖徳太子、四天王寺建立 594　仏教興隆の詔
600	610　ムハンマド、初めての神の啓示	618　唐建国	607　法隆寺創建
	622　ヒジュラ 624　バドルの勝利		
	630　ムハンマド、メッカに無血入城	629　玄奘三蔵、インドへ渡る	630　遣唐使開始
	632　ムハンマド没	635　中国に景教伝来	
	632-661　正統カリフ時代	645　玄奘、仏典を漢訳	645　大化の改新
	648『クルアーン』編集		658　智通ら、唐で玄奘より法相宗授かる 680　薬師寺建立

500	525　ペルシャ、オリエント統一		
		484頃　釈迦入滅（異説383頃） 477　第1回仏典結集 403-221　戦国時代	
400			
	334　アレキサンドロス大王の東征	370？　孟子誕生 327-325　アレキサンドロス大王、インド侵入	
300			
		268-232　アショカ王支配 260頃　インドのアショカ王、仏教に帰依 インドに仏教が広まる 251　マヒンダ王子、スリランカに仏教布教 221　秦の統一 212　秦で焚書坑儒	
200		202　漢の統一	
100			
	63　ローマの支配　ユダヤ属州になる 40　ヘロデ、ユダヤ王に 4頃　イエス誕生		
A.D.			
	28　イエス伝道開始 30頃　イエス処刑 原始キリスト教会成立 50　ユダヤ教徒、キリスト教徒、ローマ追放 54　ローマ皇帝ネロによるキリスト教徒迫害 51-57　パウロの伝導		57　倭の奴国王、漢に遣使、金印を受ける
	64　パウロ殉教 67　ペテロ殉教 70　エルサレム滅亡 73　ユダヤ民族、ディアスポラを命じられる	65　中国に仏教伝来（異説あり）	

宗教社会学関連年表

	ヨーロッパ・西アジア	インド・東アジア・中国	日本
B.C.3000		インダス文明	
2000		黄河文明 1600頃　中国に殷王朝成立 1500頃　アーリア人、パンジャブ地方に侵入	
	1270頃　出エジプト 1230頃　ユダヤ人カナンに入国	1050頃　周の武王、殷の紂王を討滅	
1000	1004　ダビデ王即位 997　エルサレム遷都 972　ダビデ没 965　ソロモン、エジプトと同盟しエルサレム神殿建立 926　ソロモン没 イスラエル王国（北）とユダ王国（南）に分裂	この頃バラモン教成立	
900			
800	710頃　北王国滅亡	770-403　中国、春秋時代	
700	670頃　アッシリア、オリエント統一 625　新バビロニア建国 622　ヨシヤ王の改革 620頃　ゾロアスター教成立 612　アッシリア滅亡		
600	586　南王国滅亡 バビロン捕囚（~538）	565頃　ゴータマ・シッダルタ誕生（異説464頃） 551頃　孔子誕生（-479）	

み

む

め

も

や

ゆ

よ

ら

り

る

れ

ろ

て

と

な

に

ね

の

は

ひ

ふ

へ

ほ

ま

く

け

こ

さ

し

す

せ

そ

た

ち

つ

【人名索引】

あ

い

う

え

お

か

き

わ

欧文

へ

ほ

ま

み

む

め

も

ひ

ふ

そ

た

ち

す

せ

こ

さ

し

く

け

う

え

お

か

き

索引

50音順。同音の漢字は画数の少ないものを優先した。
次ページはｆ、数ページにわたる場合はffで記した。

【事項索引】

あ

い

本書は二〇〇一年六月に筑摩書房より刊行された。

思考の整理学　外山滋比古

アイディアを軽やかに離陸させ、思考をのびのびと飛行させる方法を、広い視野とシャープな論理で知られる著者が、明快に提示する。

質問力　齋藤孝

コミュニケーション上達の秘訣は質問力にあり！　これさえ磨けば、初対面の人からも深い話が引き出せる。話題の本の、待望の文庫化。（斎藤兆史）

整体入門　野口晴哉

日本の東洋医学を代表する著者による初心者向け野口整体のポイント。体の偏りを正す基本の「活元運動」から目的別の運動まで。（伊藤桂一）

命売ります　三島由紀夫

自殺に失敗し、「命売ります。お好きな目的にお使い下さい」という突飛な広告を出した男のもとに、現われたのは？（種村季弘）

こちらあみ子　今村夏子

あみ子の純粋な行動が周囲の人々を否応なく変えていく。第26回太宰治賞、第24回三島由紀夫賞受賞作。書き下ろし「チズさん」収録。（町田康／穂村弘）

ベルリンは晴れているか　深緑野分

終戦直後のベルリンで恩人の不審死を知ったアウグステは彼の甥に訃報を届けに陽気な泥棒と旅立つ。歴史ミステリの傑作が遂に文庫化！（酒寄進一）

向田邦子ベスト・エッセイ　向田邦子　向田和子編

いまも人々に読み継がれている向田邦子。その随筆の中から、家族、食、生き物、こだわりの品、旅、仕事、私……、といったテーマで選ぶ。（角田光代）

倚りかからず　茨木のり子

もはや／いかなる権威にも倚りかかりたくはない……話題の単行本に3篇の詩を加え、高瀬省三氏の絵を添えて贈る決定版詩集。（山根基世）

るきさん　高野文子

のんびりしていてマイペース、だけどどっかヘンテコな、るきさんの日常生活って？　独特な色使いが光るオールカラー。ポケットに一冊どうぞ。

劇画 ヒットラー　水木しげる

ドイツ民衆を熱狂させた独裁者アドルフ・ヒットラーとはどんな人間だったのか。ヒットラー誕生からその死まで、骨太な筆致で描く伝記漫画。

ふしぎな社会　橋爪大三郎

第一人者が納得した言葉だけを集めて磨きあげた社会学の手引き書。人間の真実をぐいぐい開き、若い読者に贈る小さな（しかし最高の）入門書です。

承認をめぐる病　斎藤環

人に認められたい気持ちに過度にこだわると、さまざまな病理が露呈する。現代のカルチャーや事件から精神科医が「承認依存」を分析する。（土井隆義）

キャラクター精神分析　斎藤環

ゆるキャラ、初音ミク、いじられキャラetc.。現代日本に氾濫する数々のキャラたち。その諸相を横断し、究極の定義を与えた画期的論考。（岡﨑乾二郎）

サヨナラ、学校化社会　上野千鶴子

東大に来て驚いた。現在を未来のための手段とし、偏差値一本で評価を求める若者。ここからどう脱却する？　丁々発止の議論満載。（北田暁大）

ひとはなぜ服を着るのか　鷲田清一

ファッションやモードを素材として、アイデンティティや自分らしさの問題を現象学的視線で分析する。「鷲田ファッション学」のスタンダード・テキスト。

学校って何だろう　苅谷剛彦

「なぜ勉強しなければいけないの？」「校則って必要なの？」等、これまでの常識を問いなおし、学ぶ意味を再び摑むための基本図書。（小山内美江子）

14歳からの社会学　宮台真司

「社会を分析する専門家」である著者が、社会の「本当のこと」を伝え、いかに生きるべきか、に正面から答えた。重松清、大道珠貴との対談を新たに付す。

終わりなき日常を生きろ　宮台真司

「終わらない日常」と「さまよえる良心」――オウム事件直後出版の本書は、著者のその後の発言の根幹である。書き下ろしの長いあとがきを付す。

人生の教科書
［よのなかのルール］　藤原和博　宮台真司

〝バカを伝染（うつ）さない〟ための「成熟社会へのパスポート」です。大人と子ども、お金と仕事、男と女と自殺のルールを考える。（重松清）

逃走論　浅田彰

パラノ人間からスキゾ人間へ、住む文明から逃げる文明への大転換の中で、軽やかに〈知〉と戯れるためのマニュアル。

文化防衛論　三島由紀夫

「最後に護るべき日本」とは何か。戦後文化が爛熟した一九六九年に刊行され、各界の論議を呼んだ三島由紀夫の論理と行動の書。（福田和也）

三島由紀夫と楯の会事件　保阪正康

社会に衝撃を与えた1970年の三島由紀夫割腹事件はなぜ起きたのか？　憲法、天皇、自衛隊を論じたあの時代と楯の会の軌跡を追う。（鈴木邦男）

ロシア文学の食卓　沼野恭子

前菜、スープ、メイン料理からデザートや飲み物まで。「食」という観点からロシア文学の魅力に迫る読書案内。カラー料理写真満載。（平松洋子）

どうにもとまらない歌謡曲　舌津智之

大衆の価値観が激動した1970年代。誰もが歌えた「あの曲」が描く「女」と「男」の世界の揺らぎ——衝撃の名著、待望の文庫化！（斎藤美奈子）

中華料理の文化史　張　競

フカヒレ、北京ダック等の歴史は意外に浅い。ではそれ以前の中華料理とは？　孔子の食卓から現代まで、風土、異文化交流から描きだす。（佐々木幹郎）

期待と回想　鶴見俊輔

「わたしは不良少年だった」15歳で渡米、戦時下の帰国、戦後50年に及ぶ『思想の科学』の編集……自らの人生と思想を語りつくす。（黒川創）

圏外編集者　都築響一

既存の仕組みにとらわれることなく面白いものを追い求め、数多の名著を生み出す著者による半生とともに「編集」の本質を語る一冊が待望の文庫化。

春画のからくり　田中優子

春画では、女性の裸だけが描かれることはなく、男女の絡みが描かれる。男女が共に楽しんだであろう性表現に凝らされた趣向とは。図版多数。

増補　エロマンガ・スタディーズ　永山　薫

制御不能の創造力と欲望で数多の名作・怪作を生んできた日本エロマンガ。多様化の歴史と主要ジャンルを網羅した唯一無二の漫画入門。（東浩紀）

官能小説用語表現辞典　永田守弘編

官能小説の魅力は豊かな表現力にある。本書は創意工夫の限りを尽くしたその表現をピックアップした、日本初かつ唯一の辞典である。（重松清）

禅 鈴木大拙　工藤澄子訳

禅とは何か。また禅の現代的意義とは？ 世界的な関心の中で見なおされる禅について、その真諦を解き明かす。（秋月龍珉）

タオ――老子 加島祥造

さりげない詩句で語られる宇宙の神秘と人間の生きるべき大道とは？ 時空を超えて新たに甦る『老子道徳経』全81章の全訳創造詩。待望の文庫版！

荘子と遊ぶ 玄侑宗久

『荘子』はすこぶる面白い。読んでいると「常識」という桎梏から解放される。魅力的な言語世界を味わいながら、現代的な解釈を試みる。（ドリアン助川）

つぎはぎ仏教入門 呉智英

知ってるようで知らない仏教の、その歴史から思想的な核心までを、この上なく明快に説く。現代人のための最良の入門書。二篇の補論を新たに収録！

現代人の論語 呉智英

革命軍に参加!? 王妃と不倫!? 孔子とはいったい何者なのか？ 論語を読み抜くことで浮かび上がる孔子の実像。現代人のための論語入門・決定版！

日本異界絵巻 小松和彦／宮田登／鎌田東二／南伸坊

役小角、安倍晴明、酒呑童子、後醍醐天皇ら、妖怪変化、異界人たちの列伝。魑魅魍魎が跳梁跋扈する闇の世界へようこそ。挿画、異界用語集付き。

仏教百話 増谷文雄

仏教の根本精神を究めるには、ブッダに帰らねばならない。ブッダ生涯の言行を一話完結形式で、わかりやすく説いた入門書。

武道的思考 内田樹

「いのちがけ」の事態を想定し、心身の感知能力を高める技法である武道には叡智が満ちている！ 気持ちがシャキッとなる達見の武道論。（安田登）

仁義なきキリスト教史 架神恭介

イエスの活動、パウロの伝道から、叙任権闘争、十字軍、宗教改革まで――。キリスト教二千年の歴史が果てなきやくざ抗争史として蘇る！（石川明人）

よいこの君主論 架神恭介　辰巳一世

戦略論の古典的名著、マキャベリの『君主論』が、小学校のクラス制覇を題材に楽しく学べます。学校、職場、国家の覇権争いに最適のマニュアル。

生き延びるためのラカン　斎藤環

幻想と現実が接近しているこの世界で、できるだけリアルに生き延びるためのラカン解説書にして精神分析入門書。カバー絵・荒木飛呂彦（中島義道）

人生を〈半分〉降りる　中島義道

哲学的に生きるには〈半隠遁〉というスタイルを貫くしかない。「清貧」とは異なるその意味と方法を、自身の体験を素材に解き明かす。（中野翠）

私の幸福論　福田恆存

この世は不平等だ。何と言おうと！　しかしあなたは幸福にならなければ……。平易な言葉で生きることの意味を説く刺激的な書。（中野翠）

ちぐはぐな身体《からだ》　鷲田清一

ファッションは、だらしなく着くずすことから始まる。中高生の制服の着崩し、コムデギャルソン、刺青等から身体論を語る。（永江朗）

エーゲ　永遠回帰の海　立花隆

ギリシャ・ローマ文明の核心部を旅し、人類の思考の普遍性に立って、西欧文明がおこなった精神の活動を再構築する思索旅行記。カラー写真満載。

独学のすすめ　加藤秀俊

教育の混迷と意欲の喪失には出口が見えないが、IT技術は「独学」の可能性を広げている。「やる気」という視点から教育の原点に迫る。（竹内洋）

レトリックと詭弁　香西秀信

「沈黙を強いる問い」「論点のすり替え」など、議論に仕掛けられた巧妙な罠に陥ることなく、詐術に打ち勝つ方法を伝授する。

希望格差社会　山田昌弘

職業・家庭・教育の全てが二極化し、「努力は報われない」と感じた人々から希望が消えるリスク社会日本。「格差社会」論はここから始まった！

ことばが劈《ひら》かれるとき　竹内敏晴

ことばとこえとからだと、それは自分と世界との境界線だ。幼時に耳を病んだ著者が、いかにことばを回復し、自分をとり戻したか。

現人神の創作者たち（上・下）　山本七平

日本を破滅の戦争に引きずり込んだ呪縛の正体とは何か。幕府の正統性を証明しようとして、逆に「尊皇思想」が成立する過程を描く。（山本良樹）

日本の村・海をひらいた人々　宮本常一
民俗学者宮本常一が、日本の山村と海、それぞれに暮らす人々の、生活の知恵と工夫をまとめた貴重な記録。フィールドワークの原点。（松山巖）

広島第二県女二年西組　関千枝子
8月6日、級友たちは勤労動員先で被爆した。突然に逝った39名それぞれの足跡をたどり、彼女らの生を鮮やかに切り取った鎮魂の書。（山中恒）

誘拐　本田靖春
戦後最大の誘拐事件。残された被害者家族の絶望、犯人を生んだ貧困、刑事達の執念を描くノンフィクションの金字塔！（佐野眞一）

責任　ラバウルの将軍今村均　角田房子
ラバウルの軍司令官・今村均。軍部内の複雑な関係、戦地、そして戦犯としての服役。戦争の時代を生きた人間の苦悩を描き出す。（保阪正康）

田中清玄自伝　田中清玄　大須賀瑞夫
戦前は武装共産党の指導者、戦後は国際石油戦争に関わるなど、激動の昭和を侍の末裔として多彩な人脈を操りながら駆け抜けた男の「夢と真実」。

戦場体験者　保阪正康
終戦から70年が過ぎ、戦地を体験した人々が少なくなる中、戦場の記録と記憶をどう受け継ぎ歴史に刻んでゆくのか。力作ノンフィクション。（清水潔）

東京の戦争　吉村昭
東京初空襲の米軍機に遭遇した話、寄席に通った話。少年の目に映った戦時下・戦後の庶民生活を活き活きと描く珠玉の回想記。（小林信彦）

私たちはどこから来て、どこへ行くのか　森達也
自称「圧倒的文系」の著者が、第一線の科学者に「いのち」の根源を尋ねて回る。科学者たちの真摯な応答に息を呑む、傑作科学ノンフィクション。

富岡日記　和田英
ついに世界遺産登録。明治政府の威信を懸けた官営模範器械製糸場たる富岡製糸場。その工女となった「武士の娘」の貴重な記録。（斎藤美奈子／今井幹夫）

ブルースだってただの唄　藤本和子
アメリカで黒人女性はどのように差別と闘い、生きてきたか。名翻訳者が女性達のもとへ出かけ、耳をすまして聞く。新たに一篇を増補。（斎藤真理子）

ちくま文庫

世《せ》界《かい》がわかる宗教《しゅうきょう》社会学《しゃかいがく》入門《にゅうもん》

二〇〇六年五月十日　第　一　刷発行
二〇二四年十月十日　第二十七刷発行

著　者　橋爪大三郎（はしづめ・だいさぶろう）

発行者　増田健史

発行所　株式会社　筑摩書房
東京都台東区蔵前二―五―三　〒一一一―八七五五
電話番号　〇三―五六八七―二六〇一（代表）

装幀者　安野光雅
印刷所　株式会社厚徳社
製本所　株式会社積信堂

ISBN978-4-480-42227-9 C0114